JESÚS *DESEA* CORONARTE

JESÚS _DESEA_ CORONARTE

El proceso trae la coronación,
y la coronación nos lleva a su gloria

Jackie Rodríguez

C A S A
CREACIÓN

Contenido

Reconocimientos

L e quiero dar las gracias al cuerpo de hombres y mujeres que fielmente oraron por mí, creyendo en la obra
que Dios puso en mis manos.

Los amo mucho a todos, y, unidos en un solo cuerpo,
hemos logrado hacer la voluntad del que nos envió.

• Susie, te amo mucho y agradezco tu hermosa amistad, así como tu fidelidad a Dios. Eres una mujer ungida y
llena de su pasión.

• Joseph, te amo mucho. No sabes cuánto le agradezco al Señor por tu obediencia al reconocer el llamado de tu
esposa, permitiéndole salir a hacer la obra de Dios.

• Richie y Martillas, ustedes son criaturas preciosas
ante el Señor.

• Annette, eres una bendición en mi vida, y sé que lo
que Dios te dará será una doble porción de su gloria. Te
amo mucho.

• A Esteban y Joy Strang, muchas gracias por su sensibilidad espiritual para continuar llevando la Palabra de
Dios a las almas necesitadas. Los respeto mucho por su integridad.

• Tessie Güell De Vore, eres un tesoro en las manos de Dios. Gracias por tu paciencia y tu sabiduría en todo momento. Te aprecio mucho.

• Al equipo hispano de Casa Creación; son una bendición al Cuerpo de Cristo. ¡Continúen su buen trabajo!

• Y sobre todas las cosas, a mi amado Jesús, quien vio en mí algo más que lo que yo podía ver. Eres la razón de mi vivir. Te amo, Señor Jesús, y te doy toda la gloria, el poder y la honra por los siglos, por siempre.

Amén y amén.

—JACKIE RODRIGUEZ
ABRIL DE 1998

Dedicación

Con todo mi amor, dedico este libro a mi amado esposo Nuno, quien con tanto esfuerzo fue mi mano derecha en todo tiempo, para lograr traer el deseo de Dios manifestado. Te amo; eres mi mejor ejemplo.

A mis pequeños y hermosos hijos Obed, Andrés y Danielita, por quienes oro, creyendo que conocerán a Dios en una mayor dimensión.

Introducción

«¡Dame más de tu presencia!»

Esas eran las palabras que constantemente le decía al
Señor; me era difícil conformarme con poco.

Al leer las Escrituras veía cómo Moisés y otros personajes de la Biblia habían tenido tantas experiencias gloriosas con el Padre Celestial. Eso me llevaba a orar más fervientemente, creyendo que sus palabras no era tan solo las
de un libro histórico, sino que contenían la vida de Jesús
manifestada para nosotros, los hijos de Dios.

Algo en lo profundo de mi ser me decía «¡Eso es, Jackie; eso es!», y la sed por esto aumentaba más y más.
Cuando escuchaba a otros hombres de Dios hablar de sus
experiencias con el Señor a través del Espíritu Santo, me
sentía como cuando María entró a ver a Elizabeth, e inmediatamente la criatura de esta brincó en el vientre, dándole la salutación a la semilla de Cristo en María. Mi cuerpo
parecía estar quemándose en fuego. De momento, una co-
rriente embargaba mis labios, cara y manos. ¡Eran tan gloriosos...! Sin embargo, sabía que si se lo contaba a alguien,
creería que me estaba dando el «aire» de muy espiritual.

Recuerdo que cada vez que levantaba mis manos hacia
el cielo, la Presencia abrumadora tomaba todo mi ser. Eran
experiencias tras experiencias, que me llevaban a temer
más a Dios. Sabía que todo se debía a su gracia bendita,
puesto que conocía todas mis limitaciones en el Señor.

Muchas veces le preguntaba: «Padre, ¿por qué haces esto? No soy digna de tus maravillas.» Pude entender que no se trataba de mí, sino de lo que Él había hecho por mí en la cruz del Calvario. No era la manifestación de algo que yo hubiese escogido, sino que Él me había escogido a mí en Cristo Jesús, desde antes de la fundación del mundo. Entendí que, como hija adoptiva, estaba recibiendo parte de la herencia de la cual Jesús me estaba haciendo partícipe en aquellos momentos: conocerlo a Él sobre todas las cosas.

Mientras tenía estas experiencias de gloria en el Señor, en mi vida no todo era «color de rosa». En medio de estas maravillas estaba experimentando también grandes pruebas, las cuales afligían mi alma. Eran esas experiencias de fuego las que me empujaban a decir que no importaba lo que sucediera, solo quería ver su gloria y estar bien cerca de su trono. Me sentía como la mujer de Cantares. Pensaba: «*Eres hermoso, amado mío, y dulce; nuestro lecho es de flores*» (Cantares 1.16). Solo deseaba sentir su fragancia, tal como dice la mujer de cantares. «*¡Oh, sí él me besara con besos de su boca!*» (Cantares 1.2). Mi único deseo era serle fiel.

Fue en medio de esta adoración de intimidad donde el Señor comenzó a tratar con mi vida, de forma muy personal. Si vas a Él a nivel personal, Él responderá de la misma manera. Ya no se tratará de un Dios sentado a 100.000 kilómetros, al cual no puedes tocar, y al que sólo le gritas para ver si te está escuchando. Él es quien vino hacer morada en tu espíritu, haciéndose Dueño y Señor total de la casa, si se lo has permitido.

Sabía que las experiencias que estaba viviendo no se trataban de tan solo una «cajita de sorpresas» para jugar con ellas, sino que todo esto tenía un gran propósito para mi vida. Y créeme; cuando le pregunté a Dios por qué me permitía entrar en esos momentos de éxtasis en su presencia, me contestó dulcemente: «Para que puedas descubrir en ti a Cristo Jesús, tu esperanza de gloria. Y que puedas compartirlo con otros, para que yo, tu Dios, pueda crear hambre en aquellos que deseen entrar en la gloria del Padre.»

En medio de todo esto comenzaron a sobrevenir cambios en mi vida personal, sobre los cuales mucha veces le dije: «Señor, si hubiera sabido que esto sería así, ¡no te lo hubiera pedido!» Sin embargo, doy gracias a mi amado Jesús, quien me contestó: *«Hija, bástate mi gracia, porque en tus debilidades es donde mi poder se manifiesta.»* Aquí pude entender que esto ya estaba en mi alma, y Jesús sólo me estaba haciendo transitar el proceso de purificación.

Cuando entramos en la presencia de Dios, estamos totalmente descubiertos, a fin de que podamos ver quiénes somos realmente, y quién es Él. Pero una cosa pude entender y decidir: mientras fuera para manifestarlo a Él, estaría dispuesta a pagar el precio.

Amigo o amiga, no todos los desiertos son del diablo. Lo que Dios desea es transformar tu vida a su imagen. Fue a partir de que comprendí esto que jamás en mi vida volví a tener un desierto «aburrido», sino que junto a mi Amado pude conocer las riquezas de su gloria. Pude entender que sólo Él me llevaría de gloria en gloria, y de poder en poder. Aprendí a amar al desierto, tal como amaba la cima de la montaña donde me encontraba con Él. Entendí que el Dios de las alturas era el mismo que el de los llanos, y aprendí a amar más ambos lugares, entregando totalmente mi vida solo a Él.

Amigo o amiga, hoy te exhorto a que eches aun lado tus rígidas creencias, y que le des la oportunidad a la libertad de Cristo Jesús para que se manifieste en tu vida. Si te lo propones, entrarás a conocer los misterios de Cristo y lo apreciarás en una gloria mayor.

«El precio de la corona»

Era una tarde muy soleada. Las manecillas del reloj marcaban la 1:00 de la tarde; hora exacta. Oí la conversación entre varias personas, dentro del hogar donde vivía. La dueña de casa le comentaba a otra persona:

—¡Es que esta niña no es mi hija...!

Como cualquier niña curiosa, decidí averiguar de qué se trataba la conversación. En forma disimulada me acerqué. Una vez más escuché decir a quien aparentemente era mi madre que yo no era su hija. ¡Oh..., qué dolor y confusión me causo esto! A los cinco años edad, cuando creía que al fin había encontrado lo que más deseaba, sólo tuve una nueva decepción.

Sobre mi corazón sobrevino un torbellino de preguntas; eran palabras que ya había escuchado en otra oportunidad. A los cuatro años, otra mujer, la cual yo creía que era mi madre, tomaba mi ropa y la ponía en una maleta pequeña.

—¿A dónde vamos, Mamá? —le pregunté.

Con un rostro muy entristecido, me contestó:

—Vamos a hacer un viajecito.

Le creí, aunque su rostro de tristeza me preocupaba; hasta creo recordar algunas lágrimas en sus ojos. Luego me subió en su automóvil, conducido por otro miembro de su familia.

Durante el viaje, me decía con voz embargada por la tristeza:

—Ahora vas a conocer a tu verdadera madre, y para siempre vas a vivir con ella.

Esto causó un poco de dolor, pero a la vez esperanza, porque aunque antes me habían dicho que esta era mi madre, el rostro de la mujer que me hablaba no era tan familiar como el que yo había conocido hacía años. No obstante, me estaba acostumbrando a su rostro dulce y comprensivo. Su trato era el de una verdadera madre, la que cualquier niño desearía tener.

En medio de nuestra conversación llegamos a cierto vecindario. Yo solo deseaba volver a ver aquel rostro que no se desprendía de mi memoria. El conductor estacionó y apagó el motor. La mujer salió del automóvil y se dirigió a la residencia. La mujer abrió un portón pequeño, pasó adelante y tocó a la puerta de aquella casa. Yo estaba con una gran expectativa y llena de emoción; sólo deseaba ver otra vez aquel rostro al cual solo recordaba como parte de mi muy temprana niñez.

Con un poco de inseguridad y falta de entendimiento, me preguntaba por qué veía tantos rostros diferentes en tan corto tiempo. Pero me consolaba el saber que esta pesadilla estaba llegando a su fin...

Lo más triste de esto fue que aquella pesadilla solo sería el comienzo de un nuevo capítulo que tendría que enfrentar.

Mientras observaba a la mujer que tocaba a la puerta, salió otra mujer, alta, esbelta, de piel color olivo, pelo corto y negro, de una belleza envidiable. Mis ojitos saltaban de alegría porque estaban contemplando a la mujer que mi corazón dictaba. Pero repentinamente solo pude oír la voz de aquella hermosa mujer, que con un fuerte y retumbante grito decía:

—¡Yo no quiero a esa niña! ¡Jackeline Molina no es mi

hija! ¡Ella no es mi hija...! —mientras que, enojada, le pedía a la otra mujer que se fuera de aquel lugar.

Yo, desde luego, solo gritaba con llantos de desesperación. Una pesadumbre cubría mi alma de tan solo pensar que, repentinamente, estaba perdiendo la madre que había encontrado.

En medio de aquella amarga escena, estaba el dolor de una niñita confundida que desesperadamente, dando patadas y puños, gritaba:

—¡Mamá...! ¡Por favor! ¡No dejes que me lleven...! ¡Mamá, no dejes que me lleven!

La otra mujer, escondiendo su ojos por vergüenza ajena, trataba de calmarme. Una vez en el automóvil, dio orden al conductor de que nos marchásemos. Lo último que recuerdo es la puerta de aquella casa residencial que se cerraba, escondiendo a aquella mujer cuyo rostro mi corazón no podía olvidar; aquella que era mi madre de sangre.

Una vez más me pregunte: «*Entonces, si ella no es mi madre, ¿quién es mi madre?*» Esa era una pregunta a la que muchos daban diferentes respuestas, creando en mí una gran confusión, hasta llegar a pensar que tal vez yo fuera una especie de enemiga de los seres humanos. Entonces me preguntaba: «*¿De qué forma pude llegar a este mundo?*»

Otra etapa de angustia

En medio de tanta confusión, dolor, soledad y vacío, sin encontrar respuestas, otro capítulo se abría en mi vida. Este era el comienzo de mi peregrinaje, de hogar adoptivo en hogar adoptivo. De esta forma llegué a experimentar encuentros horrorosos, donde padecí desde maltratos hasta intentos de abuso sexual.

Sin embargo, a través de todo este proceso, una mano invisible me rescataba de esas escenas atemorizantes. Era como si ciertos ojos cuidaran de mis pequeños pasos, y en el momento de mi angustia y desesperación, una ayuda repentina era enviada. Esto me llevaba a preguntarme:

«*¿Será que alguien cuida de mí?*» Contestándome a mí misma, decía: «*Creo que es lo que he oído decir a otros; ¡es solo suerte!*» Luego me retiraba de la escena, sintiéndome sucia y haciéndome una sola pregunta: «*¿Por qué a mí?*»

Al abuso físico lo padecí tanto en los hogares ricos como en los de clase media. Recuerdo una noche, a la hora de dormir, estaba acostada en una pequeña cama desplegable, la que era colocada por las noches en la sala de la casa, porque no se me permitía dormir en los dormitorios. Y esto no era por falta de comodidades, ya que se trataba de personas muy prósperas.

Muy disimuladamente, se acercó a mí cierto personaje, quien inesperadamente dejó caer en mi espalda una plancha caliente, esas de planchar ropa. Sólo pude emitir un sordo quejido, y un «¡Oh, que dolor!», porque no se me permitió quejarme. Y si lo hubiera hecho, no habría habido quién me socorriera. Mis quejas no tenían importancia. Buscar el sueño fue mi único consuelo en medio del dolor. Al despertar en la mañana tenía la marca de la plancha «pintada» en mi espalda.

Poco después, como niña al fin, mientras jugaba, mis pies tropezaron y fui a dar a una pared, causando que se reventara la gran ampolla que se encontraba en mi espalda, a causa de la quemadura. Muchas veces los castigos que recibía fueron múltiples puntapiés hechos con zapatos puntiagudos en mis piernas, hasta dejarlas con marcas negras, azules, violetas y rojas, desde las rodillas hasta mis tobillos. O también una «sesión de vara», la cual tenía de muchas puntas pequeñitas, que herían la desnuda espalda de mi frágil cuerpo.

En ocasiones me hacían arrodillar por un día completo sobre granos de arroz crudo, o sobre la parte cortante de una tapa de lata de galletas, con muchos agujeritos perforados con un clavo. Este castigo laceraba mis tiernas rodillas. ¡Y si me movía de esta posición, tendría otra paliza peor!

Esto y muchas cosas más continuaban produciendo en mí un profundo resentimiento en el corazón hacia estas personas, llegando muchas veces a odiarlas. No obstante, siempre estaba allí una mano poderosa, que continuaba siguiéndome; una voz hermosa, sobrenatural, que me decía: «*¡No pierdas las esperanzas; esto no va a terminar aquí!*» Era como si aquella voz me diera una vez más las fuerzas para continuar.

En muchas ocasiones, al dormir tenía sueños extraordinarios. Como niña no los entendía completamente. Hablaban de la salida que Dios traería a mi vida de en medio de esta situación.

La idea del perdón

En una de las citas con la trabajadora social, esta mujer se paró frente a mí, y mirándome con firmeza me dijo:

—Hija; ¿sabes algo? Jesús murió por los pecados de tu madre y Él ya la perdonó. De la misma forma, tú también un día necesitarás el perdón de Dios, y Él te lo ofrecerá también.

Aquella mujer habló palabras a mi vida que quedarían marcadas para siempre. Cada vez que quería odiar a mi madre o a las personas que tuvieron algo que ver con el dolor de mi niñez, aquellas palabras eran como un grito en medio de una cueva, donde el eco continuaba resonando en la profundidad y la distancia. Creo que aquellas palabras con poder me guardaron de un mayor dolor en mi vida. Ellas hablaban de un perdón que aún yo no conocía, pero que en un futuro no muy lejano debería enfrentar. Y no solo con mi madre, sino con todas las personas que habían contribuido a mi dolor. Tendría que recibir el perdón de Dios, reconociendo que yo no había escogido ese tipo de vida. Tendría que perdonarme por culparme a mí misma de haber nacido, o de haber sido parte de muchas escenas de decepción y dolor.

Un primer conocimiento de Dios

Pude descubrir un poder más fuerte que el del odio que estaba en mí. Este poder tocaba a la puerta de mi corazón. Me perseguía a todas partes y me libraba de muchos peligros.

Luego de muchos cambios, finalmente fui llevada a un hogar de crianza donde se me ofreció la opción de visitar la iglesia todos los domingos. Así descubrí que no se trataba de una mera fuerza o de la suerte, sino que había un Dios, y que aunque yo no lo viera o entendiera, Él estaba muy cerca de mí. Esto creó en mi interior un temor reverente hacia ese Dios real.

Sin embargo, al entrar en la adolescencia, mi nuevo «castillo» se derrumbaba como los anteriores. La inestabilidad espiritual en mis padres adoptivos me llevó a pensar que tal vez no era tan importante servirle a este grande y glorioso Héroe. No obstante, la semilla ya había sido sembrada, y en el tiempo de Dios —y no en el del hombre— germinaría y daría su fruto.

Un regalo especial de parte de Dios

Dios puso en mi camino al hermoso compañero que ahora tengo por esposo, a quien conocí en la isla de Puerto Rico. Después de un corto tiempo y con palabras llenas de amor, me dijo:

—Creo que Dios te trajo a mi vida, y es tiempo de tomar una decisión. ¿Quieres casarte conmigo?

Aun pensando que estaba loco, ya que era muy pronto para tomar una decisión de ese tipo, le dije que sí. No obstante, no sabía por qué lo hacía; pero aquella voz que estuvo conmigo desde niña me dijo: *«No temas, da el paso.»*

A partir de entonces comencé a entender los sueños que había tenido cuando niña. Fue impresionante. Cuando dije «sí», Dios me quitó como un velo de los ojos de la memoria, y pude ver que había visto a este compañero varias veces en mis sueños cuando niña. Al mirarlo, hasta me dio un poco de estremecimiento, porque fue como si hubiéramos estado juntos en otro mundo. Lo sentía como parte de mí, como si lo hubiera conocido por muchos largos años. Dios me había mostrado hasta su lugar de vivienda, su automóvil, ¡y hasta la calle donde me llevaría a vivir! Fue tan impresionante que decidí guardar este secreto en mi corazón, para que no pensaran que estaba demente.

Como dice su Palabra, fuimos escogidos desde antes de la fundación del mundo, y pude entender que el mundo espiritual de Dios era real y esto ya estaba hecho en su reino celestial. Creo que es como dice el libro de Génesis, que mientras Adán dormía, Dios estaba creando una mujer para él. Y a su tiempo lo despertó para que se encontrara con lo que Él ya había hecho, aunque por el momento el no lo hubiera visto o entendido. El perfecto plan de Dios se había establecido. Pude ver que Dios, en su soberanía y amor, ya me había revelado en pequeños pedacitos lo que Él había planeado para mi vida.

Así fui entendiendo la existencia de un Dios real, y no solo un cuento de hombres. Muchas veces pensaba que me estaba volviendo loca, ya que esa voz quería dirigir mi vida continuamente, pero ahora me alegro de que haya sido así, porque fue lo mejor que me pudo pasar.

El 25 de mayo de 1984 contraje matrimonio en los Estados Unidos con la persona que, después de Cristo, más amo. Pero a pesar de la bendición que Dios me había dado, aún sentía una falta dentro de mi corazón, y nada podía llenar ese vacío que acentuaba mi resentimiento por la vida. Este resentimiento estaba comenzando a enturbiar mi nuevo comienzo. Ahora otra persona inocente estaba también siendo la víctima de mi dolor, teniendo que soportar mis actitudes rebeldes. Mi esposo, conociendo mi pasado, me repetía constantemente: «Tienes que perdonar a tu madre.» Parecía como que el dulce hombre ahora se había convertido en mi enemigo; lo que menos esperaba era que me confrontara con tal cosa, precisamente de lo que yo quería escapar. Mi deseo era tener una vida nueva;

no alguien que me confrontara con mi dolor. Quería hacerme dura y aparentar lo que no era, pero en mi interior se desataba un fuerte remordimiento que hacía más y más grande mi gran vacío. Y aquella voz, un tanto familiar, ¡se ponía de acuerdo con mi esposo! Constantemente me decía: «¡*Escúchalo!*»

En busca de una iglesia, encontramos a Dios

Una semana después de casada, mi esposo me dijo:

—Quiero que vayamos a la iglesia. Me gustaría empezar mi matrimonio fundado en Dios.

Pensé que el hombre se estaba volviendo loco, pues el no aparentaba ser una persona de iglesia. Por mi parte, desde luego, era tanta la depresión en mi vida que me dije: «*¿Quién sabe...? A lo mejor eso es lo que necesito.*»

¡Qué sabio es nuestro Dios; todo lo tiene bajo control! Cuando me dijo: «*No temas, da el paso*», sabía lo que estaba haciendo. Él estaba preparando el camino que aún me era desconocido. Sería el único camino seguro; no como los anteriores, lo cuales me habían conducido a un vacío sin salida. Esta vez mis sueños se estaban haciendo realidad, y el primero de ellos era encontrar la paz de mi alma, la cual sólo Jesús podía ofrecerme. Aunque mi pesado orgullo dijera que no, mi corazón sabía que la paz se encontraba en Él.

Recuerdo haber visitado varias iglesias y salir de ellas tal como entramos. Ya casi convencidos de que no valía la pena seguir buscando, mi esposo dijo:

—Sólo probemos una vez más.

En esa última búsqueda vimos una iglesia bien pequeña, que precisamente por ser tan pequeña nos dio curiosidad de entrar. Al momento en que entramos tuvimos un encuentro con la convicción del Espíritu Santo. Allí estaba Él, esperando por nosotros. Un lugar tan humilde como el pesebre de Jesús, pero allí se encontraba la promesa de Dios. Preparada para abrazarnos y decirnos:

«Bienvenidos a la casa de Dios.»

El amor que fluía allí era como estar en los brazos del Dios de universo; además, algo diferente llamó mi atención: la unidad de aquellos hermanos era maravillosa. Dios se había reservado este rinconcito de la tierra, donde toda alma que entraba lo conocía como Salvador. Allí, en aquella humilde iglesia, sin ni siquiera conocer el idioma, oí la voz del Espíritu Santo que me decía: «*El pastor esta hablando de Jesús y hoy es tu oportunidad para aceptarlo.*»

A los pocos minutos ya me encontraba llorando, sin poder contenerme; ni siquiera sabía qué me sucedía. Mi esposo me preguntaba qué me pasaba, mas no podía contestarle. Aunque no entendía nada del idioma, cuando el pastor hizo el llamado fui una de las que paso al frente a rendir mi vida a Dios. Mi esposo se sorprendió y me preguntó:

—¡¿Qué haces, Querida? —me dijo. —¡Si no entiendes lo que él esta diciendo...!

Sin embargo, con una mirada de mi parte pudo entender que no se trataba del idioma, sino que había llegado la hora de Dios para mi vida. Una vez más *aquella voz* me habló, y esta vez pude entender que se trataba de Dios.

Además de pedirme que me reconciliara con Él, me decía: «*Jackie; debes perdonar a tu madre, así como a todos los demás que hayan causado daño en tu vida.*»

En aquel momento pensé que la lista era demasiado grande, y en una gran pelea con Dios le dije: «*Esto no es tan fácil; me pides algo de mucho precio...*» Pero no había terminado con mi argumento que el Señor ya me estaba pidiendo que buscara el paradero de mi madre. ¡Y mi esposo me había estado aconsejando esto continuamente!

Comienza la búsqueda

¡Qué perfecto es Dios! ¡Y hacedor de milagros...! A raíz de la muerte de mi padre carnal, una de mis hermanas, de quien no había oído por años, puso un anuncio en la emisora de radio, en el pueblo natal, en Puerto Rico. Ese mensaje fue escuchado por mi suegra, quien llamó a mi hermana, aunque sin darse a conocer. Mi hermana le dijo:

—Estoy buscando a Jackeline Molina, pues necesito informarle que su padre acaba de morir, y creo que, aunque sea la primera y última vez, ella querrá ver a su padre de sangre.

Mi suegra contestó:

—Señora; deme su número telefónico, porque la persona que usted me describe me parece familiar, y tal vez pueda ayudarla.

Despidiéndose de mi hermana, tomó su teléfono y nos llamó a los Estados Unidos, contándonos que mi padre de sangre había muerto y que me estaban buscando. Mi esposo, además de estar asombrado por tal cosa, se alegró por la posibilidad de que, tal vez, había llegado el momento de enfrentar lo que Dios me estaba pidiendo.

Verdaderamente, Dios es un Dios de milagros, y cuando se propone algo, nada ni nadie puede decirle: «¡¿Qué haces?!» Un camino se acababa de abrir para la obra que Dios había comenzado. No creo en la casualidad, sino en la dirección de Dios a través de su poder soberano. Dios es perfecto, y cuando comienza obras como estas, ¡las termina! ÉL deseaba que yo aprendiera a conocer lo que era el poder del perdón; un poder que puede libertar a cualquier ser humano, por más atado que se encuentre. «Y Jesús decía: Padre, perdónalos porque no saben lo que hacen» (Lucas 23.34).

Un especial Maestro, que relata su propia vida

Jesús se convirtió en mi mejor ejemplo. Aunque no fue fácil, yo sabía que sólo confiando en el poder de su Espíritu Santo podría vencer aquella gran batalla. De esta forma comencé a conocer la Persona más bella de todas, quien deseaba, con gran entusiasmo, contarme su vida personal. Para mí fue impresionante, porque nunca nadie se había tomado tanto tiempo conmigo, y con tanta paciencia.

Él comenzó a relatarme su vida personal, diciendo:

«Sólo piensa, por un momento, que tuvieras una madre soltera, quien sin contraer matrimonio con un hombre de repente quedara embarazada. Una mujer que decía que el Espíritu Santo había venido sobre ella. Los que no entendían el plan de Dios pensarían que la mujer era una loca, que simplemente había perdido su cordura. Recuerda que los humanos siempre tratan de juzgar las cosas por lo que ven, sin dar gran oportunidad a la manifestación de lo que Dios quiere hacer.

»Yo también tuve una niñez probada, como hijo de aquella mujer, a fin de ofrecer la victoria a quienes se me acerquen a mí como Hijo de Dios.

»Hija, piensa cómo yo podría sentirme al oír a mi madre contar de la preocupación que ella tenía, al tener que correr de una ciudad a otra, escapando de los que nos perseguían, tanto a ella como a mi padre. Cuando nací, un hombre lleno de maldad llamado Herodes, me buscaba desesperadamente para matarme. Solo imagínate la confusión y el temor que esto pudo haber causado a mi familia. ¿No crees que como humanos pudimos entrar en grandes temores y preocupaciones? Oímos de la masacre de los niños, y tal vez mi madre, como humana, se sentía culpable de lo que estaba sucediendo, pensando que otras madres perdían sus hijos por mi culpa.

»Tal vez, como humana que era, se sintió tentada a decir: "Señor, ¿por qué me escogiste a mí y no a otra? ¡Esto es como una pesadilla que no tiene fin!" Y yo, como niño, escuchaba y observaba sin entender, pero sentía las cargas de mi mamá. Hija, en medio de toda la confusión y el dolor que yo también sufría, había una fuerza poderosa que nos mantenía seguros. Era la voz que le hablaba a mi madre, diciéndole: "No temas, porque yo estoy contigo."

»Aún no había nacido cuando ya, abiertamente, me rechazaban. Mi madre estaba en tiempo de dar a luz, y fue de casa en casa, buscando quién pudiera darle albergue para traerme al mundo, pero todos se negaron a darle ayuda.»

En el momento que me relataba su historia, pude ver sus ojos llenos de amor. Con una pasión que nunca había visto, me dijo:

«*¿Recuerdas esos momentos de rechazo en tu niñez, cuando fuiste de hogar en hogar?*»

Entonces le dije: «Sí, Maestro. Los recuerdo, pero ¡qué amargos son...!» El Señor me contestó:

«*Yo sufrí lo mismo por ti, para darte la victoria en la situación en que te encuentras.*»

Con una voz tan dulce como la miel, me dijo:

«*Aun no he terminado mi historia. Acércate un ratito más y escúchame.*»

Deseosa por saber el desenlace de su historia, decidí continuar escuchando.

«*Regresemos al lugar de mi nacimiento. El lugar donde nací fue un establo, donde solo dormían las bestias del campo. Piensa en mí como niño. ¡Imagínate cómo me sentía cuando otros niños me preguntaban dónde había nacido, y tener que decirles que mi cuna fue un humilde pesebre en un establo, donde duermen las bestias del campo. Mis amiguitos, sin duda, pensaban: "¡Qué raro es este Jesús!", y solo me veían como un pobre niño que no tenía muchas historias de éxito de las cuales hablar. Luego, ¿cómo crees que me pude sentir al recibir el rechazo abierto de aquellos que decían: "¡¿Podrá salir algo bueno de Galilea...?!", ya que el lugar de mi procedencia era muy pobre. O ¿qué tal me fue cuando quise conocer más al Padre y consagrarme a Él? Fui tentado por una voz diabólica, que me llevó al pináculo del templo, y tentándome, me decía: "¡Tírate! ¡Anda; quítate la vida! Después de todo, los ángeles de Dios te recogerán." Pero yo sabía que si daba crédito a aquella voz sólo causaría una gran tragedia en el plan que Dios tenía para conmigo.*

»*Cuando los quise bendecir había quienes se burlaban de mi. Me llamaban el "endemoniado", "falso profeta", "pecador", cuando lo único que hacía era sanar a los enfermos, libertar a los cautivos y predicar las Buenas Nuevas del Padre.*

»Hija, te puedo decir que en todo fui tentado, para que el hombre pueda caminar en la victoria que yo compré.

»Fui traicionado por uno de mis mejores amigos. Él conocía mi vida desde que había nacido. Estaba todo el tiempo compartiendo conmigo, pero por amor al dinero —más que a la amistad que yo le había brindado sinceramente— me vendió a una muerte muy dolorosa, en una terrible escena.

»Pero algo me daba las fuerzas para continuar hacia adelante: oía al Espíritu Santo decir tu nombre en voz alta. Me llevaron frente a un concilio, donde se encontraban sacerdotes y escribas, buscando cómo argüir falso testimonio sobre mí. Tuve que enfrentar una iglesia religiosa, la cual decía conocerme pero mal interpretaba mi verdadero amor. ¿Recuerdas haber conocido esto tú también?»

Le conteste: «Sí, Señor, ¡...y qué decepcionante fue!»

«Mi hija, yo también los enfrenté, y tuve que perdonarlos. Estos religiosos me entregaron ante un hombre llamado Pilato para que me condenara a morir. Mis discípulos, a los cuales les había hablado constantemente del amor de Dios, en mis momentos más tristes se marcharon todos, dejándome solo.

»Estando yo dispuesto a pagar el precio, los que me juzgaban tomaron un látigo con puntas de metal, y me hirieron todo el cuerpo, destruyendo mi piel en pedazos.

»Ahora, piensa cómo me sentiría como hombre, ya que todo lo sufrí como humano, no como Dios. Imagínate el ser acusado e interrogado por extraños, y no poder decir una palabra, cuando bien sabía que estaban equivocados.

»Fui llevado al pretorio, donde se juntó una gran compañía de hombres, y delante de todos me quitaron toda mi ropa, dejándome totalmente desnudo. Se repartieron mis vestidos y me juzgaron como a un ladrón. A manera de burla, me pusieron una corona de espinas, clavando estas en mi cabeza.

»Imagínate la agonía, el tormento y el dolor que esto me estaba causando. Públicamente exhibieron mis partes íntimas como espectáculo al pueblo. Recibí maltrato verbal y físico. Me escupieron, me arrancaron los pelos de mi barba, me abofetearon, riéndose de mí porque no me defendía, y con una caña golpeaban mi cabeza. Me hicieron cargar una pesada cruz de *madera, en la cual sería crucificado, sin ninguna misericordia. En el camino a mi crucifixión oía a otro de mis mejores amigos negarme tres veces, y hasta llegar a maldecirme. Pero seguía dispuesto a pagar el precio, porque sin cesar escuchaba la voz del Espíritu que, a gritos, decía tu nombre.*

»Al llegar al lugar de mi destino, unos grandes clavos traspasaron mis manos y mis pies. Cuando tuve sed pusieron vinagre en mi boca, queriéndome obligar a tomar de él, y en medio de ese terrible maltrato, solo pude decir: "Padre, perdónalos porque no saben lo que hacen", y "Padre, en tus manos entrego mi espíritu." Una vez terminado todo, como si todo aquello fuera poco, una lanza traspasó mi costado.»

Al escuchar su historia pensé en la forma en que Él pudo perdonar tanta crueldad. Estos hombres no eran dignos de tal perdón, así como tampoco creo que quienes me hirieron a mí lo fueran. No obstante, al momento oí una voz que me dijo:

«Porque de tal manera amó Dios al mundo, que ha dado a su Hijo unigénito, para que todo aquel que en él crea, no se pierda, mas tenga vida eterna.»

Con este pasaje de las Escritura pude entender que sólo a través de su amor podría perdonar a aquellos que me habían herido. Dependería de que yo estuviera dispuesta a pagar el precio, a fin de recibir lo que Jesús ya había ganado por mí. Era el precio de confiar en que Jesús, a través de su Espíritu, me llevaría a conocer el poder de su amor, y por medio de este poder caminaría en la libertad del perdón. No es sino hasta tener un encuentro con el verdadero amor de Cristo que podemos perdonar a nuestros deudores. No fue algo instantáneo, pues en mí había muchas heridas sin cicatrizar. Pero a través de la confianza en el precio pagado por Jesús, en obediencia, pude ver grandes resultados. Llegué a entender que, por amor a mí, Él estuvo dispuesto a soportar una mayor condena que la mía. Cuando Jesús, con amor y ternura, me hizo entender por lo que Él pasó, mi condición se convirtió en algo pequeño.

Entonces quedé enamorada de mi Salvador. Su fuego acariciador me llevaba, día tras día, a abrir mi corazón cada vez más a la voluntad que el Padre quería manifestar a través mío. Hoy puedo decirte que Jesús me libertó a través de su amor y su perdón. De Él aprendí que debía liberar a otros, y que para eso debería comenzar con mi madre de sangre.

Con esta gran enseñanza decidí buscarla, y milagrosamente la encontré. Mis pensamientos humanos me decían que estaba loca, porque ella no se lo merecía, pero oía la voz del Maestro que constantemente me decía, como si fueran campanas resonantes: «*Honra a tu padre y a tu madre, y tendrás largos días de vida.*»

Deseaba vivir en victoria y contar a otros lo que Dios había hecho conmigo. Tomando esta decisión, le dije a Dios que si deseaba utilizar mi vida para usarla como testimonio del milagro de amor y perdón para otros, lo haría sin vergüenza alguna. En función de esto, Dios me concedió el honor de conocer a mi madre y perdonarla a través del amor de Cristo.

Al fin, el encuentro

Luego de averiguar con el resto de mi familia, supe que mi madre vivía en la ciudad de Nueva York. Fui allí con mi esposo, pero sin datos precisos y sin conocer el lugar. Sólo me habían dado referencia de la zona donde vivía, con lo cual, al no conocer el lugar, fácilmente nos habríamos perdido. Decididos a bajar del autobús, comenzamos a caminar por el vecindario que me habían dicho, y de pronto escuché una voz femenina que decía mi nombre. Ignoré la voz, pensando que era imposible que fuera para mí; era difícil que me reconociera. Sin embargo, como esta voz continuaba llamando con insistencia, me di vuelta, pensando que tal vez fuera.

Era mi madre. Me miró con una mirada llena de pena, y haciéndome una señal con su mano, me decía:

—¡Soy yo, soy yo...!

Fue un momento muy conmovedor. Llenas de lágrimas y con heridas llenas de dolor. Pero allí, junto a nosotras, se encontraba la persona más bella, llenando con su sanidad liberadora: Jesús, quien por encima de todo trajo paz a aquella área de mi vida.

Aprovechando el momento, le hablé a mi madre acerca de las maravillas de Jesús, compartiendo con ella las Buenas Nuevas de Cristo. Luego de unos momentos, tomé su mano ore junto a ella, pidiéndole a Dios que se revelara a su vida, tal como se me había revelado a mí, y que ella lo declarara Salvador de su vida.

Luego que partí de la cuidad, ella le entregó su vida a Jesucristo, y continua sirviéndole, fielmente.

«Hija, no preguntes por qué»

Si fuera por mis emociones y mi propia humanidad, lo primero que hubiera querido de ella habría sido que me contara la verdad y el por qué de toda esta historia. Pero Dios, en su soberanía, fue lo primero que me pidió que no hiciera: «Hija mía, no le preguntes por qué.» Y es que todo debe encontrar su lugar en el tiempo perfecto de Dios, no en nuestros tiempos o deseos. Todo debía ocurrir conforme a su voluntad, y esto fue, definitivamente, algo difícil para mí: tener que perdonar, sin tener una explicación clara. Dios obra de muchas formas misteriosas, y sólo Él sabe por qué nos exige lo que nos exige. Lo que Él buscaba en primer lugar era mi obediencia. Y el costo de obedecerle no siempre es el que imaginamos.

Luego de este encuentro, le pregunté a Dios: «Padre, ¿por qué me abandonó ella?» Y el Padre me contesto: «Ella no te abandonó; yo te arrebaté de sus brazos para que fueras en su vida —y en la de todos los que estén dispuestos a escuchar— esa voz que clama en el desierto: "Arrepentíos, porque el reino de Dios se acerca".» Definitivamente, en aquel día el reino de Dios se acercó a mi madre, y ella pudo tener un encuentro con el reparador de los corazones destruidos. Todas las almas necesitan de Dios, sin importar quienes sean.

Amiga o amigo, probablemente el precio que Dios te pide en este mismo momento es perdonar, tal como Jesús te ha perdonado. Tal vez tu problema no es con tu madre o con un familiar. No obstante, independientemente de quién sea la persona que te haya causado dolor, debes entregarla al Señor Jesús. Así como yo pude tomar de la vida de Jesús, tú también lo puedes hacer, pues Él está bien cerca tuyo, para refugiarte como lo hizo conmigo.

Sólo ríndete a Él y no corras más. Permítele a Jesús que hoy te libere a ti también. Permítele que te muestre el poder de su amor, el cual te llevará a conquistar el verdadero poder del perdón de Dios.

CAPÍTULO 2

«Jesús es el modelo perfecto de este precio»

En el primer capítulo hablamos sobre el precio del perdón, y que sólo a través de Jesús y del poder de su amor podemos lograr perdonar a otros. En este capítulo veremos cómo Jesús, el Hijo, debió someterse en obediencia a Dios. Esto lo condujo, frecuentemente, a pagar un alto precio para descubrir lo que el Padre ya tenía preparado para Él y su pueblo. Su ejemplo nos muestra cómo debemos seguir. Él desea que lo imitemos hasta que lleguemos a la imagen perfecta de Jesús.

Ahora veamos que nos dice la palabra de Dios: «*En el principio era el Verbo y el Verbo era con Dios, y el Verbo era Dios*» (Juan 1.1). Vemos claramente que Jesús estuvo desde el principio; Jesús era con Dios. Eso significa que estaba en Dios, o simplemente que era Dios. «*Todas las cosas por él fueron hechas, y sin él nada de lo que ha sido hecho, fue hecho. En él estaba la vida, y la vida era la luz de los hombres*» (v. 3,4). Aun siendo Dios, Jesús se despojó de su divinidad y se hizo hombre, con el propósito de servir al hombre y dejar esa gran enseñanza de humildad, sacrificio, y amor.

«*Y aquel Verbo fue hecho carne, y habitó entre nosotros*» (v. 14). Este Dios todopoderoso, hecho hombre, pagó un precio bien alto. De una posición de gloria total, se despojó de todo lo que tenía y comenzó un camino completamente nuevo.

El poder de la obediencia

Siendo Jesús la *vida* y la *luz*, no lo vemos queriendo convencer a Juan el Bautista de que Él había sido *en forma de Dios* (Filipenses 2.6), o de que era el Hijo de Dios. Cuando Juan el Bautista se dio cuenta que Jesús era el Mesías, inmediatamente, y un tanto avergonzado, le dijo que no era digno de bautizarlo. No obstante, Jesús, con gran humildad, le dijo que era necesario que lo hiciera. Creo firmemente que esta fue una gran prueba de humildad para Jesús, pero sabía que no podía dejarse llevar por las emociones de otros cuando se trataba de obedecer a su Padre. Era necesario que conociera el poder del sometimiento. Sabía que a través de la obediencia lograría ganar el corazón de su Padre celestial, por eso estuvo dispuesto a someterse al perfecto orden de Dios, a su autoridad y a su perfecta voluntad.

Si bien Juan no se sentía digno —y estaba un poco turbado por ello— Jesús le enseñó un gran ejemplo lleno de frutos. Dios es Dios de orden, y debemos hacer las cosas tal como Él las demanda. Creo que después de este incidente, Juan, en sus momentos de soledad, meditaría en la importancia de ser humilde, sometiéndose a la autoridad y perfecta voluntad de Dios.

Aunque otros puedan reconocer las grandes cualidades dadas por el mismo Dios, o el llamado con el cual Dios nos ha marcado, este llamado debe ser sometido al orden de Dios, hasta el momento en que el Padre lo traiga a la luz bajo su perfecta voluntad.

Juan llamó a Jesús: «*el Cordero de Dios, que quita el pecado del mundo*» (Juan 1.29). Jesús sabía de lo que estaba hablando; esto había sido profetizado de generación en generación. Sin embargo, en aquel momento Jesús sólo buscaba someterse a Dios. Solamente deseaba hacer la voluntad del Padre. Seguramente, como hombre, no sería tan fácil. Su palabra dice que el fue *tentado en todo*. Aquel, quien era la autoridad, ahora se sometía a la autoridad de lo que Él mismo había creado. Pero Jesús no iba mirando al hombre Juan el Bautista, sino a Dios. Mientras Jesús pusiera sus ojos en el Padre, la vida, el poder y la gloria que había conocido —y de la cual se había despojado— comenzaría a derramarse sobre Él nuevamente. A través de la obediencia al Padre, Jesús logró apropiarse de la esencia de la gloria de Dios. La total obediencia lo llevó a caminar en una dimensión espiritual que, como hombre, aun no había experimentado. Aunque el cuerpo de Jesús estaba hecho a semejanza del hombre terrenal, su alma y espíritu eran uno con el Padre celestial. Así logró permanecer firme, pagando el precio que Dios había demandado.

Mateo 3:16 nos dice: «*Y Jesús, después que fue bautizado, subió luego del agua; y he aquí los cielos le fueron abiertos, y vio al Espíritu de Dios que descendía como paloma, y venía sobre él.*» No hay duda que Jesús entró, como hombre, en una dimensión espiritual donde el Padre comenzó a revelarse en su vida. Sus ojos espirituales fueron abiertos, permitiéndole ver al Espíritu Santo descender sobre Él en forma corporal, como paloma.

La paloma fue la primer ave en usarse para enviar mensajes a otros lugares distantes. Esta iba, lo entregaba, y luego regresaba a su lugar de origen. Con esto quiero decir que cuando el Espíritu Santo, esa paloma gentil, observó la obediencia de Jesús a la autoridad de Dios, no pudo resistir el deseo de volver a su lugar de origen. Esta preciosa paloma estuvo siempre con Jesús en el Padre; y cuando vio a Jesús marcharse, esperaba ver la oportunidad de regresar a Él. Esta le diría: «Padre, ahora más que nunca Jesús me va ha necesitar; envíame para cumplir tu obra en Él; envíame con tu mensaje.» Y el Padre, contento, le diría: «Sí, ve y declárale: *Este es mi hijo amado, en quien tengo complacencia*".»

El desierto

Continuemos observando la vida de Jesús y el precio que tuvo que pagar para adquirir la victoria total, para Él y para toda la humanidad. «*Entonces Jesús fue llevado por el Espíritu al desierto, para ser tentado por el diablo*» (Mateo 4.1). El precio que Jesús tuvo que pagar no fue solo por la Iglesia, sino por toda la raza humana. Ya que el primer Adán le había fallado a la humanidad, trayendo la maldición del pecado, el segundo y último Adán, Jesús, debió padecer toda tentación y sufrimiento, y hacerse vencedor. De esta forma nos da el ejemplo a nosotros, sus hijos.

Jesucristo hombre fue sometido al tormento del desierto. El mismo Espíritu de Dios lo llevó allí para ser tentado por su propia creación: el destructor, el diablo, la serpiente antigua (Isaías 54.16). Acercándonos a su vida, podemos entender que la mayor prueba de Jesús no fue el diablo, sino el sometimiento mismo, en total obediencia a Dios. De este sometimiento Jesús extrajo la fuerza necesaria para resistir al diablo y vencerlo.

Estudiando a Jesús sabemos que Él no podría olvidar tan rápidamente la gloria que tenía en su Padre. Fue muy grande el precio que Jesús debió pagar. Habiendo conocido la gloria de Dios en la presencia de su Padre, optó por despojarse de ella y tomar forma de hombre, para aprender, en medio del desierto, a poseer como hombre lo que ya había conocido como Dios.

Y lo glorioso de esta historia es que Jesús deseaba hacernos partícipes de aquella gloria, la misma que, como criaturas, habíamos perdido. De esta forma, Jesús nos daba su ejemplo natural para que aprendiéramos de Él, y pudiéramos aplicar su enseñanza en el área espiritual de nuestras vidas.

Muchas veces, como cristianos, pasamos por nuestro desierto, donde somos tentados de diferentes formas. En vez de enfrentarlo firmes, confiando que Dios esta operando algo en nuestras vidas, queremos simplemente escapar de este desierto. Recuerda que el pueblo de Israel se encontró en el desierto y allí fue testigo del gran poder de Dios, puesto en acción. Ellos le pedían a Dios que los sacara de allí, pero Dios les continuaba mostrando su gloria en ese ambiente. Sabemos que el desierto no es fácil, pero esa momentánea tribulación, prueba o tentación *produce en nosotros un eterno peso de gloria, más que incomparable* (2 Corintios 4.17).

El ser vencedor y alcanzar la gloria prometida solo se logra en el nombre de Jesús. Si tomáramos el tiempo para meditar en Dios en medio de nuestro desierto —en lugar de murmurar— podríamos ver que esa experiencia no es mala, sino que nos llevará a mayores milagros. Para eso debes confiar en Dios y cooperar con Él en medio de tu desierto.

El deseo del Padre es que salgas del desierto, pero es también su deseo transformarte allí. Probablemente este es el precio que tu Padre celestial te esta pidiendo.

Por lo general, cuando hablamos de desierto tendemos a ver esto como un lugar de padecimientos para del cristiano, o evitamos hablar de ello porque no nos gusta pensar en las afliccones que produce. Pero, ¿por qué nos sentimos así? Tal vez porque estamos demasiado acostumbrados a asociarlo con el diablo. ¿Por qué no tomamos un tiempo, y meditamos en la obra que Dios está realizando con nosotros en nuestro desierto? ¡Es la mano de Dios operando un mayor peso de gloria en nuestras vidas! Si aprendes a ver lo positivo de esto, entonces podrás entender que todo obrará para bien en tu vida.

Jesús entendió esto, y en su condición de hombre siempre estuvo dispuesto a esperar la salvación de Jehová, entendiendo que en medio de su prueba o tentación saldría con una mayor unción, un mejor dominio, un carácter más fortalecido y con la revelación de Dios.

Amigo, el desierto no se trataba de revelarle a Jesús quién era el diablo, sino el poder que Jesús tenía sobre el diablo, a través del Espíritu Santo. Fue allí donde Jesús aprendió a participar de su herencia en Dios, y a caminar en su posición celestial sobre toda circunstancia que atravesó en su vida. Si te fijas, verás que en aquel desierto nació su ministerio. Él salió de allí en el poder de su nueva identidad, como hijo maduro de Dios, a la estatura del hombre perfecto en Cristo. Allí, en el desierto, su carácter tomó la forma del carácter de Dios.

Jesús salió con poder y autoridad sobre el enemigo, y con una gran revelación del Padre. De esta manera Dios le estaba dando forma al ministerio de Jesús. «*Jesús volvió en el poder del Espíritu*» (Lucas 4.14). Jesús había descubierto las armas celestiales que poseía; y quién, verdaderamente, era Él en el Padre. Por esta razón *Él sólo hacía lo que veía del Padre*. Así pudo caminar sobre todo principado y toda potestad.

Muchos de nosotros nos encontramos tirando golpes al aire, por no tener clara nuestra identidad como hijos de Dios. No conocemos lo que somos en Cristo Jesús. Peleamos incorrectamente porque estamos buscando lo que el diablo esta haciendo, en lugar de discernir la obra que nuestro Padre esta realizando en nosotros. Estamos buscando averiguar quién es el diablo, en lugar de descubrir primero quiénes somos nosotros en Cristo Jesús. Jesús, en su desierto, no entró en una guerra con el diablo. Sustentado firmemente en la Palabra, y determinado a obedecer, no retrocedió para nada delante del enemigo, dejando bien en claro quién era Jesús en Dios.

Allí, en medio de la prueba, Jesús descubrió lo que Dios había depositado en su vida, y desde aquel entonces lo puso en práctica. Aunque el desierto parezca muy negativo, si pones tu confianza en Jesús como parte del precio que estas pagando, esto operará algo glorioso en tu vida. Y no hay duda que te llevará a conocer a Jesús en su plenitud, haciéndote partícipe de su gloria. Dios le mostró a Jesús que, aunque ahora estuviera «en forma de hombre», Él podía otra vez, a través de la obediencia, participar de la gloria del Padre. Debes entender que la obediencia al

Padre en medio de tu desierto es el precio para llevarte a conocer lo que ya te pertenece en Cristo, y así lograr una victoria total sobre el diablo.

Esta naturaleza que Jesús tomó es la que Él espera que el Cuerpo de Cristo tome. Pero la obediencia y el sometimiento total a su voluntad son necesarios, no importa el tiempo, las personas, o el lugar donde Jesús te lleve a pagar el precio. Recuerda que el Espíritu Santo fue primero enviado a Jesús para ayudarlo, y para llevarlo al desierto. Por lo tanto, si el Espíritu Santo fue enviado para estas dos cosas, entonces a ti tampoco te abandonará, sino que te preparará para la obra que Dios tiene para tu vida. Él estará contigo en todo momento, en todas las situaciones que enfrentes, enseñándote quién eres en Cristo, llevándote a caminar en la revelación de su palabra, mostrándote cómo caminar en tu posición espiritual —¡y sin perderla!—, y llevándote a conocer lo que verdaderamente hay en tu corazón.

Jesús estuvo dispuesto a ser guiado al desierto y pagar allí el precio de la obediencia, en lugar de resistirse a Dios. En esta prueba Él descubrió el poder que tenía sobre el diablo, y lo puso inmediatamente en práctica. Con esto, descubrió que Dios le había dado el dominio que Adán había perdido.

Luego de su victoria, el Padre puso a su disposición los ángeles del cielo para que le sirvieran. Su obediencia y sometimiento a la dirección del Espíritu Santo trajeron una recompensa. Tal vez el precio que a ti te toque pagar es la soledad; o someterte a servir en una iglesia en alguna función donde no se aprecie tu sacrificio. Tal vez la persecución de tus hermanos, o ser abiertamente rechazado; o cualquier cosa que pueda provocar un desierto temporario en tu vida.

Amigo o amiga, *todas las cosas obran para el bien de aquellos que aman al Señor*. Créeme, Dios esta operando algo en tu vida, lo cual será de bendición. Tal vez en este momento no es fácil verlo, pero si estas dispuesto a pagar el precio para recibir lo que Jesús ya hizo por ti, habrás de ver su gloria. «*¿No te he dicho que si crees verás mi gloria?*» Estas fueron las palabras de Jesús a María, cuando su «desierto» le sugería que su hermano jamás viviría.

Tal vez tu desierto en este momento es una enfermedad que no estabas esperando. Recuerda que *«por sus llagas* [y sus heridas] *fuisteis sanados»*. Sólo sé paciente y confía en el Señor Jesús, y Él operará lo necesario para llevarte a una victoria total. Recuerda que no importa lo que pase, Él se mostrara fiel en tu vida.

Toma el tiempo para buscar su mano en medio de toda situación, y Él te dará la perfecta salida. Escucha su voz y sigue su dirección. Cuando llegó el momento de que Jesús pagara el precio de la crucifixión, a Pedro le pareció una tragedia, y le pedía a Jesús que tuviera pena de sí mismo. Pero Jesús, determinado a enfrentar lo desconocido —lo que el Padre ya había provisto— decidió tomar su dominio y reprendió a Pedro, diciéndole: «*¡Quítate de mis espaldas, Satanás!*»

El precio que Él pagó al entrar en su «primer desierto» le fue de gran enseñanza para vencer en firmeza todos los «otros desiertos» que atravesaría a lo largo de su vida terrenal. Recuerda que la Palabra dice que el diablo se alejó «por un tiempo», lo que da a entender que Jesús debió cruzar otros desiertos en su vida. Sin embargo, cada uno de ellos lo llevó a ganar más terreno en Dios. Jesús fue *de gloria en gloria y de poder en poder,* para llevarnos a nosotros *de gloria en gloria y de poder en poder.*

CAPÍTULO 3

«El nardo puro de mucho precio»

Dentro de este capítulo conoceremos varios personajes de la Biblia, quienes lograron experimentar «el nardo puro» en sus vidas. En ocasiones Dios nos permite pasar por experiencias que, en un principio, no son causa de gozo, pero llevan en sí mismas un gran peso de gloria, la cual es manifestada y vista públicamente; no para glorificarnos a nosotros mismos sino para darle gloria solo a Él. Y las permite con un propósito: que el hombre logre conocer y participar más de la naturaleza del verdadero Dios, para hacerlo instrumento que declare su existencia, su plan y su propósito en la tierra.

Consideremos la vida de María Magdalena. La recordamos como la mujer a la cual Jesús le sacó varios demonios, o la prostituta a la que Jesús salvó. Pero permitamos al Espíritu Santo que nos lleve más allá de este conocimiento. Con una mirada cuidadosa notaremos que esta mujer había tenido una revelación sobre Jesucristo mucho más profunda que otros que siguieron a Jesús de cerca. Por ejemplo, Judas y otros, ofendidos por las palabras de Jesús no desearon seguirle más. Ahora veamos la determinación que esta mujer tuvo para seguir a Jesucristo.

María Magdalena era llamada de esta manera porque

procedía de una cuidad llamada Magdala, en Galilea, pero había un gran misterio sobre el por qué de este segundo nombre. Si estudiamos la vida de otras mujeres en la Biblia, encontraremos que a muy pocas se les asignó un sobrenombre, y es mi convencimiento que cuando el Espíritu Santo utiliza estos detalles es porque desea que indaguemos. *«Gloria de Dios es encubrir un asunto, pero honra del rey es escudriñarlo»* (Proverbios 25.2). El idioma original nos da varios significados, los que ayudan a entender más aun el misterio contenido en el sobrenombre María de Magdala, o María Magdalena. Este significa: torre fuerte, parada en espera alrededor de, al otro lado, permanecer, pacto, establecido, cruzar, más allá, más profundo, postrarse, concebir, compromiso, humillarse, separar a un lado (santificar), ordenar; propósito, determinado. Descubrimos que dentro del nombre de esta mujer estaba escondido proféticamente el deseo de Dios hacia todo creyente: manifestar su perfecta imagen y naturaleza en nosotros, y de esta forma llevarnos a caminar en el perfecto orden del plan de Dios. Entendemos que el significado de su sobrenombre nos llama a ser hombres y mujeres determinados, hijos de pacto, que sin importar el precio o lo que nos toque participar de los sufrimientos de su cuerpo, con Él venceremos hasta el final.

Marcos 14.3 nos habla de cómo María Magdalena tomó un vaso de alabastro, con perfume de nardo de mucho precio y, quebrándolo, lo derramo sobre la cabeza de Jesús. En el idioma original, nardo puro, nos habla de: arar el terreno, romper, fuego, horno, luz, aromático, lámpara, brillar con su gloria. Con este entendimiento, podemos concluir que estas palabras hablan del procesamiento de los hijos de Dios a la imagen del Padre.

El vaso representaba el alma de aquella mujer, humillada a los pies de Jesucristo, sin importar el precio que esto pudiera costar. Esta mujer estaba dispuesta a permitir que Jesús hiciera la obra que fuera necesaria en su alma, el nardo puro en su vida; que arara el terreno, lo cual es la verdadera formación del alma. Un desprendimiento del *yo*, dejando que sólo sea el Señor. La verdadera adoración de aquella mujer fue decir: «Señor, transfórmame.» Esto se convirtió en el verdadero nardo para Jesús, y fue el perfume que llenó todo aquel lugar.

Por otra parte, los discípulos habían estado todo el tiempo con Él, y parecía ser que algunos se habían acostumbrado tanto a verlo que habían perdido la sensibilidad de su presencia. Las obras se habían convertido en su mayor preocupación. Estos, ofendidos por la devoción de aquella mujer, trataban de interrumpirla hablando de la necesidad de los pobres. La acción de la mujer tenía significado para Judas. Para él, María Magdalena era una fanática que necesitaba hacer más obras carnales que espirituales. Judas se había vuelto tan religioso que se dejó comprar por el espíritu babilónico (religioso). Este hombre prefirió recibir la gloria de los hombres, en lugar de la divina. Es triste decir esto, pero es lo mismo que esta sucediendo en muchas hermanas de la Iglesia; se ofenden cuando Dios comienza a repartir bendición espiritual a otras, ya que para ellas la verdadera bendición tiene que ser material. Critican un movimiento nuevo del Espíritu, porque en sus iglesias no esta pasando nada; solo creen en el crecimiento a fuerza de programas. Estas cosas suceden en lo hombres cuando su alma todavía es muy carnal, y no permiten que Dios la forme a su manera. No pienses que no creo que Dios nos quiera prosperar. Sí, Él desea prosperarnos, porque esto es parte de sus promesas. Pero, ¿para qué tanta prosperidad si permites que la religión te domine y pierdes la esencia del Espíritu? Dios desea que busquemos conocer verdaderamente las motivaciones de nuestro corazón.

¿Te has preguntado alguna vez por qué deseas tanto que tu iglesia crezca? Muchos andan buscando seminarios que les enseñen cómo hacer crecer sus iglesias. Esto no tiene nada de malo, si la motivación es la correcta. Sin embargo, en muchos casos la visión real no es cómo cuidar de las ovejas, sino como explotar las pobrecitas. Por esta razón tantas ovejas andan de conferencia en conferencia, buscando que sus almas puedan ser llenas de lo esencial, ya que en sus iglesias se están muriendo de hambre por falta de la Palabra y de la presencia de Dios. Andan tan confundidas que cualquier lobo que las encuentra en el camino las devora.

Gracias a Dios por los que están escuchando lo que el Espíritu dice, y hacen lo posible para suplir esa necesidad tan grande dentro del Cuerpo de Cristo. Estos son los que reciben persecución por su fidelidad a Dios, y por ignorar la gloria de los hombres.

Amigo, hermano, si nos concentráramos más en el propósito que Dios tiene para con cada uno de nosotros, y menos en lo que Jesús ha puesto en nuestras manos, sin duda alguna que, en el tiempo asignado por Dios, prosperaremos. Pero para ver la plenitud de los sueños y los propósitos de Dios manifestados con gloria en nuestras vidas, nuestro Padre tratará primero con la motivación de tu corazón, porque donde esta tu corazón, ahí estará también tu tesoro. Ahora bien, si tu corazón o alma está en lo que divide, o se detiene en la envidia, o si se goza en el orgullo o cualquier otra cosa que quieras añadir a esta lista, allí encontraras tu verdadero tesoro. Dios desea primero cumplir con su propósito en tu corazón, y luego con sus propósitos a tu alrededor.

Una vez le pedí al Señor, al acostarme a dormir, que me mostrara sus propósitos para mi vida, a fin de poder responder correctamente a su llamado. Entonces el Señor me dio un sueño, cuyo contenido era totalmente diferente a lo que yo esperaba. Estaba relacionado con el corazón y con el alma. Le pedí que me diera la interpretación y Él me dijo:

«Hija, muchos oran para que yo les muestre mis propósitos, creyendo que les mostraré una iglesia grande, un ministerio de evangelización, una ciudad dominada por sus iglesias, y

cosas por el estilo. Pero mi primer propósito para el hombre es mostrarle cómo ganar su propia tierra primero.»

Como fuimos creados del polvo de la tierra, sabía que el Señor me estaba hablando del alma; fortalecernos en el hombre interior para que venzamos nuestras debilidades, hasta que todo nuestro ser esté sometido a la cobertura de su influencia divina. De esta forma nuestra vida es regida por el Espíritu, en lugar de serlo por el pecado y los apetitos de la carne. Mientras esta tierra —que somos nosotros— no sea poseída, persistirán los celos entre los ministerios, las envidias, el odio entre unos y otros, sin dar una oportunidad al perdón de Dios. El Señor continuó:

> *«Sin temor, se juzgan unos a otros, olvidándose que en algún tiempo necesitaron de mi misericordia en sus vidas. Cuando otros llegan buscando de esta misericordia, los expulsan por la puerta hacia afuera, olvidándose de la justicia, de la misericordia y de la humildad. Por esta razón es que muchos han sido entregados a los verdugos, esto es, a los tormentos de su diario vivir. Y luego, ignorando la palabra de verdad, andan reprendiendo al diablo.»*

Te pregunto, ¿crees que esto continuará operando así o necesitamos un cambio? Creo que todos podemos poner nuestro granito de mostaza a trabajar, para la gloria de nuestro Señor Jesús. Cuando el hombre le permite a Dios establecer su propósito en su corazón, todo lo deseado materialmente será una añadidura para traer gloria a la obra que Dios realiza. Bien nos dicen las Escrituras: *«Mas buscad primeramente el reino de Dios y su justicia, y todas estas cosas os serán añadidas»* (Mateo 6.33).

¿Qué es el reino de Dios? Es Cristo en nosotros, la esperanza de gloria. Es lo verdadero, lo esencial de Dios; es su dominio manifestado en nosotros, lo que es espiritual, lo que hay en el corazón de Dios para ti como hijo, como hija.

Muchos hablamos de Cristo, pero todavía aun no conocemos su reino en nuestras vidas. Se nos ha hecho difícil permitirle que transforme nuestras almas de la forma en que Él lo desea. Amigo o amiga, entiende que la salvación no se experimenta una sola vez; esta se debe experimentar todos los días, a través de la renovación de nuestra alma. Si nos dedicáramos a conocer ese Cristo que mora en cada uno de nosotros, podríamos caminar en mayor unidad en lugar de estar compitiendo unos con otros. Nuestro empeño debe ser conocer el propósito de Cristo en cada uno de nosotros, y hacer de la esperanza de gloria una verdadera manifestación de su gloria en nuestras en nuestras vidas. Si entendiéramos que Dios nos asignó a todos algo dentro del Cuerpo, podríamos traer todos los miembros en unidad, y ver la gloria de Dios manifestada en medio nuestro.

Esta es la voluntad de Dios en el Cielo, hecha en la tierra. Pero mientras busquemos la gloria de nuestro propio reino nos limitaremos a un reino de religiosidad, lleno de obras muertas y vacías. Su gloria pasará frente a ti, y ni siquiera la podrás palpar. Para Judas, derramar aquella fragancia sobre Jesús era un desperdicio, pero para María este precio de nardo puro era entregar su vida, con tal de estar en la presencia de Jesús. Ella estuvo dispuesta aun a recibir el rechazo de los hombres, las acusaciones y la hipocresía de los que murmuraban a sus espaldas. Esta mujer, con lo poco que conocía a Jesús, descubrió que someter su alma al proceso de Dios era mucho más beneficioso que recibir la gloria del hombre, para al fin recibir la gloria de Dios. Ella descubrió que no es lo mucho que cuesta, si no lo mucho que vale.

Mientras nuestros propósitos dominen nuestras vidas, oponiéndose a los propósitos de Dios, quedaremos sin ser transformados, y nos privaremos de la esencia de su presencia. Podemos caer en el error de estar trayendo al altar las peticiones que nosotros queremos, y no lo que Él verdaderamente quiere, hasta llegar a la conclusión de decir: «Bueno, como no veo resultado, esto debe ser del diablo», y terminamos obrando en el poder del alma.

Jesús le dijo a los discípulos: «*De cierto os digo que dondequiera que se predique este evangelio, en todo el mundo, también se contará lo que ésta ha hecho, para memoria de ella*» (Marcos 14.9). Esta mujer llegó a ser el testimonio de lo que es cambiar un alma en nardo puro de mucho precio. Representa lo que es cambiar la tierra árida y seca en una donde fluyen leche y miel. Ella es característica del que busca la gloria de Dios y no la del hombre. Es el alma que estuvo en tinieblas y vino a ser lumbrera de Dios. Este perfume de nardo puro de mucho precio, derramado sobre la cabeza Jesús, se convirtió en el perfume más fragante y la mejor ofrenda de sacrificio delante del Maestro. Hoy, como vasijas de alabastro, muchos hemos sido y seremos quebrantados, pero este quebranto es simplemente para desprender el aroma de Jesús en nosotros, donde quiera nos encontremos o vayamos.

Si sometemos nuestra alma a la obra perfecta que Dios realiza diariamente en cada uno, veremos cómo nuestra fragancia se une con la del hermano, en un solo Cuerpo en Cristo, hasta que el aroma y la gloria de Dios llenen toda la tierra en forma tangible, por medio de Cristo, en un cuerpo de muchos miembros, del cual Jesús es la cabeza. Este quebrantamiento que produce tal peso de gloria es una de las formas más simples de la manifestación del reino de los cielos en esta tierra, el cual nosotros formamos. Muchos hemos pasado por eso, pero por falta de conocimiento no hemos apreciado su valor.

Hoy deseo cambiar tu nombre

«Señor, ¿qué quieres decir cuando dices que hoy quieres cambiar mi nombre?» Jesús me dijo: «*Ven, acércate un ratito y lo entenderás.*»

Dios cambió el nombre de Jacob a Israel. Jacob significa engañador. Ahora, ¿por qué Israel? Dios buscaba hacer una operación en la naturaleza misma del alma de Jacob, así como en su vida, a fin de que llegara a entender que no se trataba de pelear con los hombres sino de buscar el favor de Dios. Avivando en él la llama, Dios llevaba a que Jacob buscara su presencia hasta poseerla.

Muchos podríamos decir que Jacob peleaba con el ángel por una bendición material, pero si lo estudiamos bien vemos que se trataba del cambio de una naturaleza, un cambio en su alma. Jacob sabía en su corazón que él era un engañador. Estaba consciente de que en la fuerza de su alma estaba logrando muchas cosas, pero Dios deseaba hacerle ver que lo que él estaba produciendo no era limpio.

Cuando salió huyendo de la casa de Labán de regreso a su tierra, Dios lo visitó a través de un ángel. Dios anda buscando siempre cómo traer cambios en el alma del hombre, para que ya no siga sus caminos sino el perfecto camino y el propósito de Dios, por medio su Espíritu. En esta ocasión Jacob luchó con el ángel hasta que este le descoyuntó su cadera. Con esto el ángel le enseñaba que no se trataba de lo que Jacob pudiera producir en su fuerza, sino de lo que Dios quería producir en él. A veces deseamos correr nuestra propia carrera, ignorando lo que Dios demanda, entonces Él debe cambiar nuestro caminar para que reconozcamos que lo primero en buscar es poseerlo, ya que Él es nuestra verdadera bendición.

Fue aquí, en este encuentro con Dios, que el nombre le fue cambiado a Israel, que significa «príncipe de Dios» y también «gobernador por Dios». Isaías 43.1 dice: «*Ahora, así dice Jehová,* Creador *tuyo, oh Jacob, y* Formador *tuyo, oh Israel: No temas, porque yo te redimí; te puse nombre, mío eres tú.*» *Nombre* aquí representa un cambio de naturaleza. Y continúa en el verso 7: «*Todos los llamados de mi nombre; para* gloria *mía los he creado, los* formé *y los hice.*» Dios es el hacedor de Jacob, y quien que de un Jacob forma un Israel.

En el primer capítulo de Génesis dice que en el principio creó Dios los cielos y la tierra. Y la tierra estaba desordenada y vacía. ¿Te has preguntado alguna vez por qué si Dios creó la tierra, esta se hallaba desordenada y vacía? Porque Dios no solo está en el negocio de *crear*, sino también en el de *dar forma* a lo creado. Jesús hizo en nosotros una nueva criatura; nos creó de nuevo espiritualmente: un hombre nuevo; «*las cosas viejas pasaron*», y ha hecho nuevas todas las cosas. Esto significa que el viejo hombre fue crucificado con Cristo, en la cruz del Calvario. Ya ese viejo hombre de pecado no me puede dominar, porque Jesús lo destruyó por completo. Él destruyó la naturaleza pecaminosa de este hombre. El problema que muchos tenemos es que todavía seguimos cargando los malos hábitos del viejo hombre, los cuales aún refugiamos en nuestra alma.

A veces nos encontramos con que, después de que Jesús ha crucificado la vieja criatura, nuestra alma insiste en resucitarla, llegando al punto de fornicar con la vieja naturaleza muerta de pecado y así damos a luz los frutos de la vieja criatura, nuevamente. Estos son frutos de pecado, y por falta de entendimiento muchos se arrepienten constantemente por los mismos viejos pecados, porque no le hemos permitido al Señor someter nuestra alma al proceso necesario.

Para que este nuevo hombre que Dios creó se pueda manifestar en nuestras vidas, es necesario que nos pongamos de acuerdo con las intenciones de Dios. ¡Nuestra actitud debe ser la de Jesús!: «...no se haga mi voluntad, sino la tuya» (Lucas 22.42). Esta nueva criatura es una con Dios, es el Cristo que habita en nosotros. La manifestación de esta nueva criatura —«Cristo en nosotros»— es la esperanza a la que hemos sido llamados. Esta es la gloria que nos aguarda (Colosenses 1.27).

Si le damos la oportunidad y nos sometemos a los propósitos de Dios, podremos experimentar verdaderamente al Jesús resucitado. Hemos participado en su muerte, en su sepultura, y es aquí donde muchos nos hemos quedado. Ha llegado el tiempo de ver también manifestado en nuestras vidas el verdadero poder resurrector de Jesucristo, lo cual se hará más tangible en la medida en que sometamos nuestra alma a la formación del Israel de Dios, aquel que es príncipe de Dios y gobernador por Él.

Pienso que la experiencia de salvación, en muchos de nosotros, se ha convertido en una mera experiencia religiosa. Muchos cuentan la bonita experiencia que un día tuvieron, pero es triste ver que se han quedado en el mismo sitio, y no han dado un paso más adelante. Antes sentían gozo, andaban cantando los cánticos del Señor. Le testificaban hasta las piedras, de ser posible; tenían tanta hambre de Dios que con solo mirarlos uno se contagiaba con ese deseo de conocer al Dios de ellos. Eran los primeros en llegar a la iglesia, pero cuando Dios comenzó a tratar con ciertas áreas del alma, y la obra de formación comenzó a dejarse sentir en sus vidas, se dieron por vencidos y rechazaron el cambio. No me estoy refiriendo a quienes han regresado al mundo y se han apartado de Dios, sino a los que se hallan estancados en su crecimiento espiritual. ¿Sabes por qué ha ocurrido esto? Porque vieron la cruz del Calvario como una salvación para el momento. Podemos reconocer la necesidad de un salvador, la necesidad del perdón por mis pecados, podemos también asumir que por Él somos salvos y que iremos al Cielo, en lugar del Infierno, pero eso no es el fin de la experiencia cristiana; va mas allá.

Hermano, hermana, todo eso fue *la puerta* para conocer los misterios gloriosos que Dios tiene reservados aquí en la tierra para todos nosotros. Pero pensar que eso lo es *todo*, es perder el temor de Dios y participar constantemente de la naturaleza del viejo hombre, ya que todo lo vemos en un futuro lejano, y por lo tanto no hay deseo o convicción alguna de ser transformados a la imagen de Dios.

Con esta mentalidad, hablamos de la venida de Cristo como si se tratara de un evento muy lejano, y por ello abunda la pereza espiritual. Cuando Jesús vino a la tierra a través de María, muchos no lo reconocieron porque esperaban verlo como un rey rico, bien vestido, por eso, aunque vino, muchos no lo reconocieron. La religión había hecho «caricaturas» en sus mentes de cómo sería el advenimiento. Mientras la gloria de Jesús pasaba delante suyo, su religión los cegaba. Hoy, nuestro amado Jesús viene de muchas formas, y hay muchos que aún no lo reconocen.

Varias veces Jesús se te ha sentado al lado en la iglesia, y estás tan entretenido en tus preocupaciones que ni siquiera lo has visto. Has llegado a tu casa y Él, sentado en tu sofá, silenciosamente te llama; pero no has reconocido su voz. Te levantas por la mañana camino a tu baño, y al mirarte a el espejo, solo contemplas tus arrugas, mientras que Él quisiera que su rostro escondido pudiera ser revelado. Si no permites que la salvación divina que has recibido te lleve ha discernir el Cristo que mora en ti, manifestando su obra, ¿cómo podrás discernir el regreso de Jesús, físicamente, manifestado en gloria?

Diariamente necesitamos que nuestra alma sea transformada por el poder de esa gloriosa confesión, la que hiciéramos un día, cuando aceptamos el sacrificio de Jesús en nuestras vidas.

Somos espíritu, alma y cuerpo

El espíritu es el lugar donde Jesucristo mora, su lugar de habitación, su templo, el arca de su presencia, su lugar de reposo en el hombre.

Ahora bien, ¿cuánto de tu alma Él ha podido ocupar? ¿Cuánto de Cristo habita hoy en tu alma? Ella es la habitación que por mucho tiempo Jesús ha deseado poseer en tu vida, con tu confesión le has permitido morar en tu espíritu, pero cuando Él quiere entrar en las áreas secretas de tu alma para seguir con tu formación, oh Israel, le cierras la puerta en la misma cara. *Sukei* es la palabra en griego para «alma». Cuando el alfarero quiere transformar al *sukei*, esta pelea y no quiere someterse a la obra de Dios, ya que es una rebelde y quiere estar siempre en el teléfono con el *viejo*, es decir, con la criatura vieja.

A muchos se les hace muy fácil criticar la forma en que otros se visten o se maquillan, y hasta se atreven a llamarlos «*jezabeles*». Pero no notamos de la misma forma la manera en que le hemos permitido a ese espíritu de religión contaminar nuestras almas, manipulándolas con sus distintas «tonalidades de maquillajes» —tales como el mal hábito de estar hablando de los demás. Todos tenemos debilidades en el alma, por esta razón, Jesús dijo que antes de sacar la paja del ojo de tu hermano, sacaras primero la viga que hay en tu ojo. Esa paja representa las debilidades del hombre, las cuales todos tenemos.

Por eso, hermano, es necesario que aceptemos el cambio de nuestra naturaleza, y nos sometamos a la formación que Dios desea realizar en nuestra alma. Para nosotros es imposible vencer nuestras propias debilidades, ya que esto solo lo puede lograr nuestro Señor Jesús. Tú, Jacob, no tienes lo que se requiere para convertirte en Israel por tus propias fuerzas, y por el hecho de que todos tenemos debilidades no uses eso como excusa para justificarte. Entrégale esas debilidades a Jesús, para que Él forme su imagen en ti.

Nuestra salvación es de gloria en gloria, y de poder en poder. ¿Ha aumentado la gloria o el poder de Dios en tu vida? ¿Qué estás haciendo hoy para cooperar con Dios en este proceso? ¿Estás peleando con Dios o sometiéndote a su obra diaria de formación? «Palabra de Jehová que vino a Jeremías, diciendo: Levántate y vete a casa del *alfarero*, y allí te haré oír mis *palabras*» (Jeremías 18.1). Recuerda siempre que las palabras del que forma y hace como quiere con el barro, no son necesariamente las palabras que quisieras oír. Amén.

Señor, si tu lo profetisas tiene que pasar ahora

Toma un segundo y ríete conmigo: «¡Ja, ja, ja!». Muchos de nosotros estamos en ciertas situaciones y nos preguntamos el por qué de ellas. Se nos hace difícil ser fieles a Dios en lo que nos pide, si es que se trata de renunciar a lo que nosotros queremos ahora, y someternos al plan de Dios en el día de hoy.

Cuando vemos que otros prosperan en los ministerios que acaban de abrir, se nos olvida que Dios trata individualmente con cada uno. Muchas veces abrimos nuestros propios ministerios pensando que «si fulano de tal lo hizo y creció, yo puedo hacer lo mismo, porque Dios también me ha de prosperar a mi». ¡Peligro! Primero esperemos su dirección. Dios nos dará una profecía, y donde quiera que vayamos seremos como imanes a los profetas de Dios; estos confirmarán continuamente lo que el espíritu de Dios ya nos había revelado. Es como si Dios, constantemente, nos probara para ver lo que vamos hacer con lo que nos dicen.

¡Alerta! ¡Dios nos prueba con su palabra! Luego, cuando ve que nos emocionamos mucho, en silencio, con una voz en un tono muy suave, nos dice: «Estoy contigo.» Entonces decidimos planear cómo hacerlo. «Vamos a ayudar a Dios un poquito», y ayunamos hasta morirnos de hambre, y hacemos una lista de las cosas que Dios tiene que hacer. «Después de todo, Él ya me profetizó.» Luego reclamamos y reclamamos de acuerdo con nuestras agendas, hasta no poder más.

Cuando las cosas no salen de acuerdo a como lo planeamos, entonces reclamamos a «las ovejas», echándole la culpa «¡porque no oran lo suficiente!», y debido a eso nada ha sucedido. O las ovejas juzgan al pastor, diciéndole: «¡Usted necesita más fe; vamos a hacer una vigila de una semana para que esto cambie!» Entonces le reclamamos al diablo, lo reprendemos, nos frustramos, y por último dudamos de lo que Dios nos prometió. Así dejamos morir la visión, conformándonos con las migajas que caen de la mesa.

Sara y Agar

Sara fue un mujer que recibió de Dios, junto a su esposo Abraham, promesa tras promesa, confirmación tras confirmación. Esta mujer había encontrado gracia ante la presencia de Dios. De una tierra de idolatría, Él la trajo a una de promesas. Creo que la primera vez que Dios le habló, ella debía estar «en las nubes».

Por ser una mujer estéril, no podía producir fruto. Me llama la atención el nombre de esta mujer: Sarai. Significa dominante, hacer una cortadura profunda, cortar en pedazos. Una vez más vemos que Dios buscaba un cambio en su naturaleza. Aparentemente, Sarai necesitaba una circuncisión de corazón; Dios buscaba transformarla y darle un nombre nuevo también. Le había prometido un hijo, pero las circunstancias a su alrededor testificaban lo contrario. Ella esperaba y esperaba. Oía confirmación tras confirmación sobre la promesa, pero en lo físico no veía nada.

En una ocasión los ángeles visitaron a su marido para confirmar la promesa, y ella se hecho a reír, como quien dijera: «¿Será esto una broma?» Ya su fe se estaba desgastando. Dios tuvo que hacer una obra interna en su vida, en el área del alma. Necesitó una transformación en sus emociones. Por esta razón Dios tenía que recodarle sus promesas constantemente, puesto que eran precisamente las palabras proféticas de Dios las que verdaderamente estaban causando la transformación en su vida.

Solamente la Palabra de Dios puede traer luz a aquellos lugares donde aun prevalecen las tinieblas. Y es en ese momento cuando Dios, a través de la convicción del Espíritu Santo, nos muestra la condición donde aún se encuentra nuestra alma, así como el trabajo de formación que se necesita. Si lees Génesis 16, aprenderás sobre los resultados de los frutos del alma y sus engaños. Esto fue lo que Dios le estaba permitiendo ver a Sarai. La promesa que Dios le dio a Sarai, fue la de tener un hijo de su esposo. Pero pasado el tiempo nada sucedió y ella decidió darle una ayudita a Dios. Tomó a una de sus siervas, la que tenía por nombre Agar, y se la dio a su esposo. Agar fue la madre de Ismael, quien representa aquello que es producido en la carne. Este nombre significa ídolo, hombre fuerte, fuerza, de fuerte naturaleza, falso dios, Dios va escuchar.

En situaciones como esta, Dios permite que los impulsos del alma produzcan su fruto, pero no significa necesariamente que sea la verdadera promesa. Producir un ismael puede traer como resultado una aparente prosperidad, pero por más próspero que sea, se queda corto al lado de la verdadera promesa.

La verdadera promesa era Isaac, el fruto espiritual, la voluntad de Dios. Isaac representa a Jesús, su plenitud, su verdad. La Palabra dice que cuando Agar se acostó con Abraham, esta despreció a su señora, para quien aguardaba la verdadera promesa de Dios. Agar, la madre del fruto carnal, siempre te impulsará a despreciar la verdadera promesa, lo que estaba como semilla en el espíritu de Sarai, lo real.

Dios desea eliminar completamente de tu vida todo lo que sea Agar, todo lo que produce a Ismael como fruto en el alma. Por esta razón Dios le dijo a Abraham que tenía que sacar a Agar y a Ismael de su casa. Sarai había llegado a la conclusión de que Ismael e Isaac no podían estar juntos en la misma casa. Mientras así fuera, Ismael se burlaría siempre de la promesa hasta matar la visión verdadera, por el egoísmo que había en Ismael.

Amigo, amiga, Ismael y Agar tienen que salir de tu casa. De lo contrario no verás la verdadera promesa. Dios quiere sacar de tu vida todo Ismael que se haya producido en el Agar de tu alma. Muchos de nosotros todavía tenemos nuestra Agar y seguimos dependiendo de ella para producir nuestros ismaeles, nuestras obras carnales, nuestro ídolos. Todavía no ha habido una madurez espiritual. Por esta razón Dios nos tiene aún en el tiempo de espera, dando vueltas en la rueda del alfarero. Así obra Él en nosotros, dándonos forma hasta que podamos decir:

«¡Fuera, Ismael! ¡Fuera, Agar!», y dejemos de producir en el poder del alma.

Hay creyentes a quienes Dios les permite tener lo que desean y piden en oración. Luego, regocijados, dicen: «Dios me dio lo que le pedí.» ¿Sería eso lo que Él deseaba darte? ¿O será que, como a Sarai, te permitió tener el Ismael que Agar produjo?

¿Estarás exactamente haciendo lo que había en el corazón de Dios o lo que tú querías? ¿Estarás cumpliendo con sus propósitos o con los tuyos? No porque tu ministerio tenga una prosperidad aparente significa que sea el Isaac de Dios. Recuerda: Ismael también recibió bendición, pero esta era incomparable con la de Isaac. La prosperidad momentánea de algo no es lo que en verdad mide el propósito de Dios. Cuando Cristo fue crucificado, esto no parecía una victoria. Sin embargo, en aquella aparente derrota Jesús ganó la mayor de sus victorias, lo cual lo llevó a ser exaltado a lo sumo por el Padre Celestial.

Jesús estaba cumpliendo con el plan y el propósito de Dios en aquel momento. Si ahora mismo estás pasando por un momento de crucifixión, puede muy bien que sea la voluntad de Dios en su obra de formación, oh Israel. Esta muerte te llevará a participar de la bendición de Dios, produciendo a Isaac en tu vida. No dudo que Dios te quiera bendecir con un gran ministerio, pero antes Agar e Ismael tienen que salir de la casa y tu voluntad tiene que aprender a gustar de la cruz. Recuerda que tendrás más de una muerte, y con cada una vendrá una mayor gloria. De esta forma nos alineamos con los propósitos de Dios y damos lugar a la verdadera promesa: Isaac.

Un gran ejemplo de esto es la vida del Dr. Paul Yonggi Cho, cuya visión ha sido que Dios trajera avivamiento en Corea y en el mundo entero. Este hombre guiaba con una gran pasión a un grupito de personas, quienes fervientemente pedían por la manifestación de los deseos de Dios y no de los suyos. Pedían por la salvación de las almas y por un avivamiento. Cho no pedía que Dios le diera una iglesia grande, sino las almas. Luego levantó un grupo de intercesión con el que iba a una montaña a orar, y aunque estuviera nevando, estos hermanos subían con el solo deseo de interceder con gran fervor por Corea y el mundo entero.

En los Estados Unidos se ha visto recientemente un gran avivamiento en una iglesia de Brownsville, en el área de Pensacola, Florida, donde diariamente pasan muchas almas, quienes aceptan a Cristo como Salvador. Miles de personas vienen de todo el mundo para recibir de la frescura del Espíritu Santo. El Dr. Paul Yonggi Cho cuenta que su iglesia estaba orando por los Estados Unidos, y Dios lo dirigió a orar en forma especial por Florida. Él vio que, mientras oraban, la gloria de Dios descendía en aquel lugar, y sabía que lo vería pronto con sus propio ojos. Poco después supo del avivamiento en Brownsville.

Esa es la historia de un hombre que murió a sus propósitos y se hizo vivo a los propósitos de Dios. Este siervo empezó con nada, muriendo al «yo», no buscando beneficiarse a sí mismo. Por eso Dios lo honró, y hoy tiene la iglesia más grande de todo el mundo. Cuenta con, aproximadamente, un millón de personas. Por eso debemos examinar siempre la motivación de nuestro corazón. No se trata de prosperar por querer prosperar, sino de traer el cielo a la tierra, haciendo la voluntad de Dios. De esta forma Él establece aquí su reino. No se trata de que el hombre plante su propio reino y que nos matemos unos a otros, debido a los logros carnales, buscando ver quién tiene más que el otro. La motivación de nuestro corazón debe ser siempre satisfacer el corazón de Dios.

Cuando Dios nos da una palabra o nos muestra parte del plan que tiene con nosotros, no significa que debemos salir corriendo y levantar nuestro propio reino. Dios le dio sueños y visiones a José mientras se encontraba en la casa de su padre, Jacob. Y lo mismo que hizo Dios con su padre, lo hizo también con su hijo en diferentes formas.

José era el engreído de su papá. Aparentemente, se le

hacía fácil conseguir lo que quería. Esto no es saludable, ya que nos puede llevar a no valorizar lo que tenemos, y querer ser siempre el centro de atracción. Así nos convertimos en egoístas y no le damos la oportunidad a otros, para que los propósitos de Dios se cumplan en sus vidas. Dios tenía un plan de mayor valor para José, mucho mayor de lo que él se imaginaba, aunque las circunstancias a su alrededor indicaran lo contrario. Dios permito que fuera vendido por sus propios hermanos, y que luego fuera puesto en una prisión, hasta que se cumpliera el tiempo determinado por Dios. El Señor buscaba cambiar la naturaleza de José, haciendo una obra de formación en su alma, a la imagen de su Creador. Si esta formación no hubiera tomado lugar, él nunca hubiera estado cualificado para la posición en la cual Dios le tenía preparada en la corte del faraón.

Cuando en nuestra alma hay cosas que puedan afectar los propósitos de Dios en nuestra vida y en la vida de otros, Dios va a tratar con esas áreas hasta manifestar la imagen del Hijo de Dios en ellas. Podría decirte sin temor alguno que cuando José estuvo en prisión, no era algo del diablo: era Dios efectuando un cambio en su naturaleza.

«¡Dios mío, sácame de esta prisión!»

Cuando Dios nos trae ciertas prisiones, lo primero que hacemos es reprender al diablo y entrar en guerra, reprendiendo al espíritu de esto y de aquello. Hubo un tiempo en mi vida ministerial que me encontré con varios individuos sobre los cuales yo me preguntaba si serían verdaderos cristianos. En una iglesia oraban constantemente para que uno de estos individuos fuera removido de su posición, ya que era un gran peso de dolor y de sufrimiento para muchos de los fieles. Era triste ver individuos como estos, que se atrevían a hacer tales cosas en el nombre de Dios. Donde quiera que me paraba en esta iglesia, lo único que se oía era el nombre de este individuo. Se había convertido en la pesadilla de muchos, quienes lo veían y corrían con temor, mientras que otros tomaban parte de este juego de carnalidad, a fin de ganar terreno de poder en este lugar, pero a la larga también quedaban heridos.

Este comportamiento siguió por años, mientras la gente seguía guerreando. Para mí, esto era nuevo y fue una gran sorpresa que dentro del Cuerpo de Cristo hubiera tal comportamiento. Al principio me molestaba mucho, pero aprendí con mi esposo, quien me decía: «Jackie, no te concentres en esa pesadilla porque vas a perder el verdadero propósito de lo que Dios quiere hacer en nuestras vidas. Esto está fuera de nuestro control, y nosotros no podemos hacer nada al respecto. Por favor, mi amor, concéntrate en descubrir lo que Dios desea de ti en esta situación, y busquemos lo que Dios quiere que aprendamos de todo esto. El Señor, en su tiempo, hará de acuerdo a su propósito, y no porque el hombre quiera torcerle el brazo a Dios con oración. Si aprendemos a discernir su tiempo, aprenderemos a orar correctamente. Si hasta ahora, con tanta oración, nada ha cambiado, Dios sabe seguramente lo que esta haciendo.»

En ese momento pensé que mi esposo estaba loco. Mostraba mucha paz y, aparentemente, nada de lo que lo rodeaba le quitaba el sueño. Le di una mirada de: «O.K., Baby», pero al darme vuelta me dije a mí misma: «¡A ese diablo lo voy a destruir yo! Aquí lo que se necesita es un poco de fe.» Me creía la supermujer espiritual, la cual no perdía una batalla. Fue tanta la oración que las rodillas se me habían gastado. Reprendí cuanto demonio pude encontrar o inventarme. Creo que si me hubieran dejado, hubiera publicado el glosario más extenso de nombres para los supuestos demonios escondidos.

Los años pasaron, hasta que un día le pregunté al Señor qué era lo que deseaba que aprendiera de esto. Estaba cansada de tanto orar y no ver el resultado que muchos esperábamos. Mi deseo en la carne era decirle a unos cuantos lo que en mi opinión necesitaban oír, o salir corriendo donde no tuviera que encontrarme con tanta hipocresía. Entendía que debería ser fiel en el lugar donde Dios nos había colocado, pero mi alma peleaba en contra de la voluntad de Dios. Le decía: «Señor, ¿por qué, si eres justo, permites estas cosas, conociendo muy bien nuestros corazones? Me tienes intercediendo constantemente y no sé por que; ¿para qué tanta oración, si la situación no esta cambiando en lo absoluto? Parece que todo va de mal en peor, es como si el diablo estuviera ganando... ¿Qué clase de testimonio es esto para nuestras vidas?» Frustrada, finalmente le dije: «Señor, yo me humillo a ti, y no ante los hombres. Dime qué debo hacer para cooperar contigo y hacer de esto una misión y no una maldición.»

El Señor Jesús inmediatamente me dijo: «*Hija, esto era lo que por tanto tiempo estaba esperando oír de ti; no la guerra continua que llevabas a cabo, queriendo que contestara tú oración con lo que tu querías.*» Le dije: «Señor, pero, ¿cómo "con lo que yo quería"?» Y Él respondió: «*Hija, calle toda boca ante mi presencia.*»

Obedeciendo, decidí escuchar lo que el Maestro quería decirme: «Tu orabas constantemente por cambios... Precisamente, cambios son los que yo deseo traer en tu vida, en el área del alma. Muchos pierden el tiempo orando sobre el cambio que yo debo traer en otros, cuando ellos aún no han sido cambiados. Este es un proceso a través del cual deseo someter a todo aquel que me lo permita. Puedes criticar la situación, ofenderte, sentirte rechazada, y hasta pensar que los otros son hipócritas... Puedes pensar que otros son carnales, y pelear con el diablo y reprender cuanto espíritu quieras... Puedes sentirte más espiritual que tus enemigos, usar todas las confecciones que quieras, pero *Yo Soy Soberano*, y nadie me tiene que decir cuándo, dónde ni cómo debo hacer las cosas.»

Cuando uno anda todo el tiempo preocupado por el comportamiento de otros, y criticando constantemente los errores de los demás, es porque algo existe en nosotros mismos, y necesitamos ser expuestos a nuestras propias debilidades a través de la luz de Dios. Él usa muchas veces un fósforo encendido para encender otro, que aunque estaba apagado, sigue siendo un fósforo, que cuando menos se lo espera, la llama del otro o la fricción lo enciende.

Fue como si me hubieran dado una cachetada. Y bien dijo Jesús que pusiéramos la otra mejilla. Con esto aprendí que si alguien nos toca en el alma, donde dominan las emociones, puedes vencer poniendo la otra mejilla, la que representa al Cristo que mora en ti, el cual nunca se ofende. Puede que a muchos esto le parezca absurdo, pero así reacciona un hijo maduro de Dios, dispuesto a seguir la voz de su Señor. Es fácil comentar del comportamiento y las debilidades de otros, pero tenemos que buscar con diligencia entender lo que Dios quiere mostrarnos sobre nosotros mismos, ¡y en el lugar que Él ha escogido para purificarnos y amoldarnos a su imagen! De lo contrario saldremos de la prueba en la misma forma que entramos, y de alguna otra forma Dios nos hará tomar la copa una vez más.

Dios esta determinado a formarte y no desistirá de su empeño. Esa momentánea tribulación será para gloria en tu vida. Dios busca hombres y mujeres *fieles* de espíritu, que no anden tras sus propios beneficios. Hombres que sin importar las circunstancias se den a cumplir con la misión que Dios les haya dado, y se hagan partícipes junto con Dios de la tarea de transformar el alma a la imagen del Creador.

Si leemos correctamente la Palabra de Dios puedes ver que en ningún momento presenta al diablo en las experiencias que le permitió vivir a José. Tampoco he leído que José hubiera entrado en una guerra con el diablo. Podría decir que Dios sólo quería amoldar a José a su manera; quería manifestar en él la imagen divina de Dios. De esta forma le mostraba lo que verdaderamente había en su alma, aunque no lo entendiera del todo. El fuego purificador de Dios revela lo oculto del hombre, no para avergonzarnos, sino para manifestar lo mejor de su gloria en nosotros. Dios siempre busca mostrarle al hombre la verdadera motivación que hay en su corazón y los cambios que el quiere traer al alma. Es por eso que a veces Dios pone un Judas en el campamento, no para que lo critiquemos sino para que verdaderamente nos examinemos en medio del fuego de la prueba. Jesús tuvo que convertiste en Hijo antes de ser Padre. El problema de hoy es que muchos quieren convertirse en padres sin todavía someter sus vidas a Dios como hijos. Jesús hombre aprendió obediencia a través de la disciplina. Aprendió a discernir los tiempos y a determinar cuándo era el diablo quien estaba hablando, y cuándo el Padre estaba manifestando su propósitos y voluntad para su vida.

El someternos al camino de Dios cuesta un alto precio, porque el alma siempre querrá que le rindas la voluntad que solo pertenece a Dios. Si no quieres someterte al Cristo que mora en ti, la guerra de tu alma será mayor que los ataques del diablo.

A veces queremos que Dios haga una señal y un prodigio en nuestras vidas, pensando que esto nos cambiará. El pueblo de Israel pidió esto y Dios se lo dio de muchas formas, pero cuando se cansaron de estas bendiciones, terminaron fornicando con dioses ajenos. Las señales y prodigios son parte de la bendición espiritual de Dios, pero estos no cambian la naturaleza del hombre. Esta es cambiada conforme a la oportunidad que diariamente le das a Dios para transformarla en gloria. Por esta razón Moisés buscaba constantemente la forma de estar en la presencia de Dios, porque sabía que sólo en su presencia sería transformado. Él lo aprendió en medio de su desierto. Muchos decimos que la razón por la cual Moisés llegó al desierto fue por haber matado a un egipcio. Pero, espiritualmente hablando, creo que fue la oportunidad que Dios aprovechó para mostrarle a Moisés que su carácter aún no había sido renovado. En su alma no se había manifestado todavía una verdadera conversión o transformación.

Amigo, la salvación es una cosa y la transformación de tu alma otra. Puedes tener a Cristo en tu vida, pero nunca dejarle que te transforme. No estoy hablando de liberación de las drogas o de una sanidad en tu cuerpo; eso es maravilloso y debes ser más que agradecido a Dios. He recibido milagros físicos y liberaciones en mi vida y viviré para contar las gloriosas maravillas de mi Rey, pero Dios no quiere que nos quedemos en la dimensión de los «regalitos», sino que pasemos a la madurez en el alma, donde conocerás con más gloria al Dios de estas bendiciones. Recuerda que no importa el precio que te demande, esto traerá un gran peso de gloria.

Es tiempo de tu parto

Seis años después de haberme sometido a la voluntad del Padre en aquella iglesia, parecía que ahora Dios no me escuchaba. En toda situación que enfrentaba le preguntaba a Dios qué quería que hiciera. Ya me estaba acostumbrado a hacer lo que Él me pedía. Era fácil, solo me contestaba: «*Sometimiento; toma de la copa un poquito más.*» Muchas veces, molesta, peleaba en llantos con mi Señor y le decía: «¡Si crees que me voy a someter a esto otro, estás bien equivocado! ¿Qué es lo que quieres de mí, Señor?» Y Él me contestaba: «*Si quieres escapar y no enfrentar la situación, negándome la oportunidad de purificarte y de transformarte, entonces ¡escapa! Te veré en la próxima esquina del futuro.*» Le pregunte: «¿Qué me quieres decir con esto, Señor?» Me dijo: «*El que escapa de una copa siempre le tocará otra de doble tamaño.*» Arrepentida de mi comportamiento, le dije: «Bueno, Señor, creo que mejor entro en negocio contigo, y me tomo todo lo que me quieras dar en esta copa.» Y aunque le contesté esto, por si acaso era el diablo, empece a reprender. De repente oí la voz del Espíritu Santo que me decía: «*¿Qué haces, Jackie?*» «¡Reprendo esta situación!», contesté. Y el me contesto: «*Cuidado; no sea que estés reprendiendo a tu Señor.*»

Esa semana le dije a mi esposo:

—Mi amor, estoy muy cansada de tanto trabajo. Me

encuentro física y mentalmente fatigada. Necesito ser renovada y refrescada con una nueva llenura del Espíritu de Dios, fuera de este ambiente que me rodea. Hay una conferencia lejos de aquí, y siento que Dios quiere que vaya.

Él, muy compresivo, me dijo:

—Creo que será bueno que te tomes una pequeña vacación.

¡Amén! ¡Eso era todo lo que necesitaba oír!

La importancia de la unción

Fui a la conferencia con gran expectativa. En la primera noche en mi cuarto, sola, Dios me habló del poder que hay en la crucifixión. Aunque muchos piensan que la unción solo se concede tras imponer las manos, Dios me dijo que había otras verdades más allá de esto, las cuales yo necesitaba aprender.

Jesús me mostró que detrás de una unción siempre hay una crucifixión, y detrás una crucifixión se halla un gran peso de gloria. Y continuó diciendo: «Fue la unción que recibí lo que me ayudó a soportar la copa que el Padre tenía preparada para mí. La unción no es tan solo para ministrarle a la gente, sino para ministrarnos a nosotros mismos en los momentos de necesidad.» Por eso la Palabra nos dice que la unción en ti será la que romperá todo yugo.

No se trata tan solo de romper las ataduras de nuestra alma sino que también rompe el yugo y las ataduras que otros quieren poner en nosotros, y en forma particular cuando nos sometemos al plan de Dios para sacarnos de la perfecta voluntad del Padre. Fue esta unción con autoridad la que Jesús uso para decirle a Pedro: «Apártate de mí, Satanás.» Jesús sabía que, para vencer el yugo que Satanás deseaba imponerle a través de las palabras de Pedro, tenía que ejercer autoridad con unción.

Cuando María Magdalena derramó el perfume de nardo sobre la cabeza de Jesús, Él estaba siendo ungido en preparación para el gran precio que tenía por delante, y tomar de aquella copa hasta la última gota.

Dentro de esto estaba incluido el precio que nosotros, junto a Él, también pagaríamos. Fuimos crucificados con Cristo, pero esa crucifixión debe hacerse real para que también participemos de su resurrección. *«Pues para esto fuisteis llamados; porque también Cristo padeció por nosotros, dejándonos ejemplo, para que sigáis sus pisadas»* (1 Pedro 2.21). La unción nos coloca inevitablemente delante de nuestra cruz, y nos sirve nuestra copa. Si haz estudiado la vida de Pablo, notarás que es quizás el mejor ejemplo de lo que significa participar en los sufrimientos de Cristo. Pablo decía que él deseaba conocer más a Jesús y compartir de sus sufrimientos. Es decir, estaba dispuesto a renunciar a su propia voluntad y aceptar la voluntad de Dios, con tal de hacerse partícipe de la gloria prometida, y conocer a Dios y a sus misterios íntimamente.

A veces pensamos que conocer a Dios tiene que ver con cantar y celebrar, o los regalitos que nos pueda dar. Pero hay momentos en nuestras vidas que son ordenados por Dios para nuestro crecimiento, para la madurez que conduce a la altura del hombre perfecto en Cristo. No obstante, después de cada copa encontraremos siempre una gloria mayor, una que aún no hemos experimentado. Este proceso continuará hasta que alcancemos la gloria que Jesús experimentó después de su crucifixión: el poder de la resurrección. En la medida que experimentes la crucifixión de Cristo conocerás y experimentarás el poder y la gloria de su resurrección.

No me refiero a tu experiencia original, cuando aceptaste a Cristo como tu Salvador y reconociste que murió por ti. Aquel que murió, ¡luego resucito!, y debes permitirle manifestar en tu propia vida el poder de su resurrección.

«Muchos quieren participar de mi gloria, pero muy pocos de mis sufrimientos. Hija mía, si aprendes a depender de mi unción en el momento de la crucifixión, podrás conocer el

poder y la gloria de la resurrección en una dimensión mayor. Estarás siendo "parte de los sufrimientos de Cristo". Hay quienes toman su cruz porque quieren mi unción y mi gloria, pero no están dispuestos a decir: "Padre, en tus manos entrego mi espíritu".»

Tan pronto reciben algo de persecución, o les dicen: «Bájate y profetiza ahora», se bajan de la cruz y pelean para defender sus causas, en lugar de entregársela a Dios, y dejar que sea Él quien haga justicia. Esto se llama *falta de madurez.*

En medio de toda esta enseñanza, le pregunté al Señor: «Y ¿cuál es mi crucifixión ahora?» Él me contesto:

«Quédate tranquila y reconoce que yo soy Dios, quien te esfuerza y te da valentía. Hija, la clave está en que no te muevas ni para la izquierda ni para la derecha, aunque la gente diga lo que diga; en mi tiempo todo será revelado. Quédate donde estás hasta que termine la obra contigo y con tu esposo.

»Hija, yo no unjo almas vivas. Ungir almas latentes representaría darle más poder al alma carnal, y esto es destructivo. Esto es parte del precio de tu crucifixión. Y mientras más te sometas a mi voluntad, tendrás más madurez, más carácter y más de mi presencia.»

No es fácil someterse, especialmente cuando uno conoce la realidad de las cosas y el daño que nos han hecho. Siendo Jesús el gran profeta, sabía que el momento de su crucifixión no era tiempo para profetizar. Cuando le dijeron que lo hiciera, Él calló aunque podía hacerlo. Este es el problema que muchos tenemos: aun no hemos aprendido a conocer los tiempos de Dios. Jesús sabía que el tiempo de la crucifixión era tiempo de callar, aunque el mundo entero le dijera que hablara. Cuando Dios nos llama a servir, es a poner en práctica su perfecta voluntad.

Tenemos que aprender que no siempre es el momento para hablar y opinar allí donde hemos sido llamados a servir. Debemos aprender del Señor Jesús y aplicar su comportamiento: no hablaba sin antes oír al Padre hablar; no hacía un milagro sin antes ver al Padre hacerlo. Jesús decía que sólo hacía lo que veía del Padre hacer. Si ese día el Padre no sanaba, Él tampoco. Muchos de nosotros queremos que se obren milagros fuera del tiempo de Dios. Por eso, cuando no vemos el cambio pensamos que Dios no puede estar en la situación, y atribuimos todo a la obra del diablo. Así perdemos el objetivo de lo que verdaderamente Dios quería impartir en nuestras vidas. *«Todo tiene su tiempo, y todo lo que se quiere debajo del cielo tiene su hora. Tiempo de nacer, y tiempo de morir; tiempo de plantar, y tiempo de arrancar lo plantado... Tiempo de romper, y tiempo de coser; tiempo de callar, y tiempo de hablar»* (Eclesiastés 3.1,2,7). Si aprendiéramos a conocer los tiempos de Dios, veríamos mejores resultados como hijos suyos.

Regresando a mi tiempo en la conferencia, el próximo día entré a un taller de música y me senté en la segunda línea. Inmediatamente comencé a sentir la presencia de Dios en una dimensión diferente. Su presencia me tomó de tal forma que era imposible sostener mi cuerpo. Nancy McLain, quien era una de las conferencistas, cantaba mientras tocaba el piano y profetizaba la Palabra de Dios. Aquel lugar se llenó de una presencia tan gloriosa que creo todos estabamos en éxtasis, en medio de la presencia de Dios. El taller era de una hora, pero fue imposible salir a tiempo.

Estando en la presencia de Dios, solo quería adorarle; no por lo que me pudiera dar sino por lo que es. Para mí era un momento de intimidad, y solo quería complacer a mi amado Jesús. De repente, la conferencista dijo: «La mujer con tal color de ropa...», y las personas sentadas a mi lado me dijeron:

—¡Es para ti!

Al abrir mis ojos fue como si estuviera ante el mismo rostro de Jesucristo. Su presencia se apoderaba más y más de mí. Su calor quemaba todo mi cuerpo, y Dios me decía, a través de aquella sierva de Dios: «La cuesta ha sido alta, pero la has subido. Estás a punto de pasar al otro lado. Un poco más; no te des por vencida y cruzarás. Quebranto y vendo tus heridas, y hoy te estoy vendando. Vino fresco en odre nuevo, para que el vino no se pierda.»

Recuerdo que lloraba como si el alma se me estuviera desprendiendo. Sentía literalmente como una muerte. Fue difícil mover mi cuerpo, el cual estaba lleno de su presencia.

Gracias le doy a Nancy McLain, que se quedó cantando y tocando el piano hasta que el Espíritu terminó conmigo. ¡Qué glorioso es saber que hay personas sensitivas al Espíritu, y no pretenden tratar al Espíritu en apuros! Esto fue algo muy constructivo que aprendí de Nancy McLain. Ahora yo también lo aplico siempre.

En el próximo y último día de la conferencia ministraba la evangelista Cathy Lechner, quien pidió a las esposas de pastores que la ayudaran a orar por otras personas. Olvidándome de mí, decidí orar y dar a favor de aquellos que verdaderamente estaban en situaciones críticas y más dolorosas que la mía.

Ya estaba terminando de interceder por el grupo de personas que se me habían acercado, cuando inadvertidamente se me acercó una última persona; una dama muy conocida por su ministerio de influencia mundial. Me pidió que orara por ella antes de irme. Dios le dio una palabra que parecía tener mucho significado para ella. Yo no tenía el más mínimo conocimiento de quién era ella.

Luego supe que antes de acercarse a mí, Dios le había hablado. El Padre le habló acerca de cómo me levantaría para hacer su obra, y que Él la necesitaba para que me tendiera la mano. Ella nunca me dijo nada; ni siquiera me llamó. No tuve conocimiento de nada de esto, en lo absoluto.

Dos años después de esta conferencia, el Señor le dijo: *«Ahora es el tiempo.»* Todo tiene un tiempo. Después de esto el Señor me lanzó al ministerio evangelístico y muchas puertas —las cuales ni siquiera pedí o soñé— se abrieron a través de este instrumento principal que Dios ha usado en mi vida. Pero todo ocurrió en el tiempo de Dios.

Había ciertas áreas en mi alma que todavía debían ser probadas y purificadas. Mientras más pronto uno se somete a su voluntad, más rápido se manifiesta la obra de Dios. Mientras más peleas, más difícil se hace la obra. Todo conlleva un precio, y le doy la gloria a mi Señor Jesús por haber demandado de mí este precio, y por haberme ungido para soportarlo. Es mejor tener su gloria antes de aquella que corresponde a la carne o al poder del alma.

Dios me dijo: «*Hija, ha llegado el tiempo de tu parto.*» Entonces respondí: «¿De qué, Señor?» Y mi amado Jesús me contesto: «*De tu parto.*» «¿Y qué es ese parto?», pregunté. «*Una dimensión nueva de mi gloria, de la cual también probarás.*»

Asustada, no dije nada. Jesús me mostraba cómo descendía el aceite sobre la cabeza de Aarón, sobre su barba, y bajaba hasta el borde de sus vestiduras.

> «Mi hija, la cabeza soy yo. Este óleo representa las especias que han sido machacadas hasta sacar la mejor fragancia y mezcladas con aceite. Así se produce el aceite de la unción, el cual produce mi gloria.
>
> »Mi sacrificio se convirtió en un olor fragante ante el Padre. Me convertí en su ofrenda. La barba representa la madurez de los cristianos. Esta fue la que me arrancaron a mí en el momento de mi crucifixión, lo cual representa un hombre con falta de madurez.
>
> »La barba de Aarón representa un sacerdocio, el cual estoy llamando a madurez. Un sacerdocio real, de linaje escogido. Un sacerdocio santo, adquirido para anunciar las virtudes de Aquel que nos llamó de las tinieblas a la luz admirable.
>
> »Esta unción baja hasta los bordes de las vestiduras de este sacerdocio escogido por Dios, para que cuando otros lo toquen puedan ser transformados por la gloria de Dios. Esto es lo que se llama "un sacerdocio probado".
>
> »Ahora vé y predica mi palabra, y permite que esta gloria llene los lugares que visitas.»

Y así ha sido para la gloria de Dios. Donde quiera que hemos ido, las experiencias son tan gloriosas que nos quedamos asombrados por la magnitud de la gloria que Dios derrama. Reconocemos que no tenemos nada que ver en esto, y que se debe solamente a que Dios lo esta haciendo. Vemos a Jesús venir una vez más a través de su Iglesia. De la misma forma que María fue visitada por el Espíritu Santo y quedo embarazada con el hijo de Dios, así nosotros, como su Iglesia, hemos sido preñados con la misma semilla. Dios está esperando con ansias el momento en que, como Iglesia, podamos dar a luz esa semilla divina una vez más. Esto lo veremos cuando nos determinemos a pasar del atrio al Lugar Santo, y de allí al Lugar Santísimo. Tenemos que pasar de la primera a la tercera dimensión en Cristo Jesús. Dios desea que entremos al lugar de madurez. De otra manera, nos quedaremos jugando con los juguetitos en el Lugar Santo y el «¡Ay, bendito!» del atrio, y nunca lo veremos como Él es.

Amigo, amiga: ¡hay más en el Señor! No te conformes con menos. Descubre sus profundidades gloriosas. Pídele que te lleve al Lugar Santísimo.

No temas, Él no te dará más de lo que puedas soportar. Sométete a lo que Dios te pida, porque lo que viene no se compara con lo poco que el Señor te pide. Créeme, yo y muchos que han pasado por lo mismo te podemos decir que vale la pena, y no lo cambiamos por nada ofrecido en esta tierra ni ninguna gloria humana.

CAPÍTULO

4

_____ «*Muéstrame tu belleza*»

E l desafío más grande que podemos cometer es rebelar-
nos en contra de la voluntad de Dios. La rebelión en-
durece nuestro corazón y cierra las puertas a la operación de Dios en nuestras vidas.

En su primer capítulo, el libro de Ester nos habla de
la condición de la Iglesia de estos tiempos y de los deseos
e intenciones de Dios para con su amada Iglesia. Este rela-
to presenta al rey Asuero como tipo de nuestro Rey y Señor Jesucristo, y a la reina Vasti como tipo de una iglesia
indiferente.

El nombre Asuero es de origen persa y significa: estaré en silencio y seré pobre. En este momento viene a nuestra memoria el pasaje que nos dice que por amor a nosotros, nuestro Señor Jesucristo «*se hizo pobre, siendo rico, para que vosotros con su pobreza fueseis enriquecidos*» (2 Corintios 8.9). El nombre Vasti es también de origen persa y significa bella. Este nombre guarda la realidad aun por manifestarse de la Iglesia que Jesús compró a precio de sangre.
Es aquella por la cual el Rey exclamó: «*Tú eres hermosa,
amiga mía! ¡He aquí eres bella!*» (Cantares 1.15).

Dios ha querido dar a conocer la belleza de su Iglesia.
Su deseo es presentar a su reina ante el mundo entero. Nos

71

está llamando a examinarnos a nosotros mismos con diligencia, y nuestro Amado desea que le demos la oportunidad de hacer algo nuevo y fresco en nosotros, por medio de su Espíritu. Dios quiere, primero que todo, que conozcas tu belleza y que luego la manifiestes en *espíritu* y en *verdad*. La historia de el rey Asuero y de la reina Vasti habla del deseo que arde día y noche en el corazón de Dios, y de la actitud indiferente de su amada. Presta cuidadosa atención a los detalles que discutiremos sobre este primer capítulo del libro de Ester.

Los números en la Biblia son utilizados en términos generales dentro de un mismo patrón de interpretación. Prestar atención a lo que estos representan añade profundidad y entendimiento al estudio de la Palabra. Aquí quiero que notemos los números 3, 7, 120 y 180. Este último lo analizaremos de la forma más sencilla, considerando cada dígito individualmente. Sé que si te muestras sensitivo al Espíritu Santo, podrás entender hacia dónde Jesús nos quiere llevar, así como lo que desea revelarnos, para que poseamos la bendición que nos tiene guardada.

Encontramos que este rey estaba bien afirmado sobre su reino, el cual se extendía sobre 120 provincias. En el tercer año de su reinado invitó a las personas más importantes de toda la región para mostrarles las riquezas de la gloria de su reino, y el brillo y la magnificencia de su poder. Esto lo hizo durante muchos días: 180.

El número 3 nos habla de algo completo, de plenitud, de excelencia y de resurrección. El número 7 habla de perfección espiritual, de madurez, de llenura divina y de reposo. El 120 nos habla del gobierno divino de Dios, como por ejemplo los doce apóstoles y las doce tribus de Israel. El número 1 en 180 nos habla de unidad, de la supremacía de Dios, de nuestra dependencia de Él, y del comienzo. El número 8 siempre nos habla de lo que es nuevo, de la nueva vida, la nueva creación, el nuevo día de resurrección. El cero representa todo aquello que es circular en nuestras vidas, lo que Dios vuelve a repetir muchas veces, para traer un cierre a cierta etapa de nuestras vidas y dar paso a la próxima o a la nueva dirección hacia la que nos desea llevar. Podemos decir que esta es la condición donde nos resistimos a movernos y nos encontramos dando vueltas en el mismo sitio, sin permitir que Dios nos saque de este estado o condición. Esto es porque a veces elegimos ser rebeldes a la voz del Señor Jesús.

Consideremos ahora en conjunto todos los significados anteriores para facilitar la discusión. Sabemos que el rey Asuero representa a Cristo Jesús, quien con su precioso sacrificio ha hecho posible que participemos de su reino y de su divino gobierno (120). La reina Vasti es la Iglesia a la que Dios quiere revelarse como Dios supremo (1) y hacer de ella una Iglesia llena de su plenitud (3). Hoy, en el umbral del tercer día, nuestro Rey y Señor quiere hacer de su Iglesia una Iglesia excelente, completa en Cristo. De acuerdo a nuestra interpretación de 180, podemos decir que la reina Vasti había participado de la gloria del reino y hasta podemos decir que había nacido de nuevo (8), si consideramos el significado espiritual de la historia. Esta mujer es la Iglesia que Dios llama a caminar de acuerdo a la nueva criatura, y a manifestar el poder de la resurrección. El Rey quiere una reina, una iglesia, unida a Él (1), un solo Espíritu, una sola carne.

El Rey desea que su reina sea totalmente libre del espíritu de independencia, separada de Dios y de aquellos a quienes ha delegado autoridad dentro del Cuerpo de Cristo. La mentalidad independiente es una mentalidad de rebelión. Dios busca perfeccionar a su Iglesia, primero que todo, en obediencia. Él espera que ella responda a su llamado, aun cuando no entienda el sistema de procesamiento circular (0) al cual nos ha sometido para que manifestemos nuestra belleza a la imagen del Creador.

La palabra dice que cumplidos los 180 días, el rey Asuero hizo otro banquete en el patio del huerto del palacio real. Esta vez duró siete días y no tan solo invitó a los grandes, sino a todo el pueblo, a mayores y menores. Esta es —y siempre ha sido— la intención de Dios: llamarnos a todos. Pero este llamado comienza primero con nosotros, la Iglesia y los líderes. Luego se extiende al mundo, pero para ello es necesario que estemos dispuestos a convertirnos en la voz del Rey para declarar las Buenas Nuevas de su reino. Dios quiere que en este día seamos la...«*Voz del que clama en el desierto: Preparad el camino del Señor; enderezad sus sendas. Todo valle se rellenará, y se bajará todo monte y collado; Los caminos torcidos serán enderezados, y los caminos ásperos allanados, y verá toda carne la salvación de Dios*» (Lucas 3.4-6)

Esta es la voz de Dios hablando a través de vasos como Juan el Bautista, hombres y mujeres dispuestos a dejarse usar. Hoy esta voz esta llegando a todos los rincones, pero todavía hay mucha pereza para escuchar. Juan iba predicando el bautismo de arrepentimiento, y declarando que el Reino Dios se acercaba. El reino de Dios se acercó, está entre nosotros, está en ti, está en el Espíritu Santo. «*Porque el reino de Dios ... es justicia, paz y gozo en el Espíritu Santo*» (Romanos 14.17). Por consiguiente, somos la voz que anuncia que el Reino ha llegado.

La verdadera voz de Dios en nosotros es la naturaleza divina de Cristo. «*Como todas las cosas que pertenecen a la vida y a la piedad nos han sido dadas por su divino poder...*» (2 Pedro 1.3), el Rey anhela ver manifestada en su reina todo lo divino y perfecto que hay en ella. En la reina Vasti, «*la Reina Bella*», había un depósito de lo que es completo y perfecto, lo que es de la imagen del Rey. Dios quiere que seamos «*participantes de la naturaleza divina*» (2 Pedro 1.4), y que mostremos al mundo la belleza de Cristo en nosotros como verdadera voz.

Esta voz de Dios en nosotros trabaja primero en casa, para que luego podamos ser efectivos en el mundo. Si prestas atención, podrás oírla llamando a la Iglesia a enderezar sus sendas, a cambiar su forma de pensar y de ver las cosas. El Rey espera que la mente de Cristo sea la que opere en ti, Iglesia. Él te promete llenar todo vacío y remover todo aquello que te es de oposición. «*El que ama mi alma»* (Cantares 3.1) quiere que conozcas su voluntad y que fluyas con sus propósitos para, a través de su obra, enderezar todo camino torcido en tu vida, para darte dirección, propósito y firmeza. Tu Amado quiere allanar todo lo que es áspero en tu vida y suavizarlo con su aceite.

Su voz te está llamando a cambiar tu forma independiente de caminar, tu actitud egoísta. Esta voz te pide a gritos que dejes ver tu belleza, que manifiestes tu verdadera naturaleza; Dios quiere ver a su Hijo en ti. Hoy, ahora, oyes la voz que te llama a una relación íntima con el Rey, a un encuentro no tan solo con la salvación del primer día sino con el Salvador de todos los días. *"Paloma mía, que estás en los agujeros de la peña, en lo escondido de escarpados parajes, muéstrame tu rostro, hazme oír tu voz; porque dulce es la voz tuya, y hermoso tu aspecto»* (Cantares 2.14). Reina Vasti, el Rey quiere ver tu belleza.

El palacio real que se menciona representa a la Iglesia como casa de Dios. *«...Cristo como hijo sobre su casa, la cual casa somos nosotros...»* (Hebreos 3.6). El huerto en el patio del palacio representa el alma de la Iglesia o de cada hijo de Dios. *«Su alma será como huerto de riego»* (Jeremías 31.12). *«Huerto cerrado eres, hermana mía, esposa mía»* (Cantares 4.12). En el huerto se llevó a cabo un banquete por siete días. Como recordarás, el número 7 habla de perfección espiritual, de madurez, de llenura divina y de reposo. Estas características se adquieren cuando participamos del banquete que nuestro Señor tiene delante de nosotros hoy.

En el capítulo anterior mencionamos a María Magdalena, la cual había quebrantado su vasija de nardo puro. Esta mujer vivía en una continua comunión del Espíritu con Jesús. Supo lo que era hacerse partícipe del banquete del Señor. Este banquete representa la comunión en la cual la iglesia a entrado con Jesús a través de la obra que Él ha estado operando en ella. Esto también habla de una iglesia que no deja que las obras del ministerio le roben su tiempo de intimidad con el Maestro y la unidad con el Cuerpo.

Mientras Marta solo estaba haciendo ruido con los potes en la cocina, María estaba sentada a los pies de Cristo, en su presencia. Lo más interesante fue que Marta era quien había invitado a Jesús a cenar junto con María y Lázaro, pero lo más triste fue que la cena o el banquete estaba lleno de obras, y no de intimidad con Jesús. Es ahí donde muchos aún estamos estancados. Esto fue lo que sucedió con Marta, al ofenderse con María y no aceptar el llamado en aquel momento. No era tiempo para hacer obras, sino para estar en la presencia de Dios, para oír cuál sería la próxima dirección que Él les daría.

María Magdalena no se dejaba intimidar por los banquetes de la carne. Su primera visión fue ganar el corazón de Dios. Te exhorto a que estudies la vida de María Magdalena, para que veas que esta mujer fue sensitiva a lo espiritual. Nunca tomó un paso sin permanecer antes en la presencia de Jesús. Siempre siguió a Jesús, aun cuando fue crucificado. Ella estaba presente para aprender de Él todo lo que fuera posible. Si no somos sensitivos al banquete al cual Dios nos está llamando, tampoco entraremos en banquete unos con otros, cuando se trate de la unidad a la cual Dios nos está llamando. Donde no hay intimidad con Dios, no hay unidad con los demás. Nuestro banquete será simplemente de obras competitivas, donde lo que hay es mucho ruido en la cocina, pero pocos frutos de nuestro amado esposo Jesús.

¡Anímate! Es tiempo de que descanses de tus obras y entres en el banquete de Jesús. No estoy diciendo que lo abandones todo y te conviertas en un perezoso, esperando que el maná te caiga del cielo. Estoy hablando de una intimidad más profunda y verdadera con Jesús, no algo superficial.

Este fue el banquete que Vasti se perdió al no ofrecer lo que el Rey le estaba pidiendo. Esta solo pudo experimentar el banquete que ella, en su propia fuerza, estaba celebrando junto a las demás mujeres. Su entretenimiento, con el tiempo, la llevó a perder lo que espiritualmente ella pudo haber logrado y manifestado de Dios en su vida.

La Palabra nos dice que «*El pabellón* [donde se celebraba este banquete] *era de blanco, verde y azul, tendido sobre cuerdas de lino y púrpura en anillos de plata y columnas de mármol; los reclinatorios de oro y de plata, sobre losado de pórfido y de mármol, y de alabastro y de jacinto. Y daban a beber en vasos de oro, y vasos diferentes unos de otros, y mucho vino real, de acuerdo con la generosidad de rey*» (Ester 1.6,7).

El color blanco representa aquello que es puro, limpio y justo. El verde es lo saludable, el color de la vegetación. La Palabra nos cuenta cómo Daniel no quiso contaminarse con la comida que servía Nabucodonosor, rey de Babilonia (Daniel 1). Él decidió alimentarse solo de vegetales, de legumbres. Al cabo de diez días, su rostro era más saludable que los otros muchachos que comían de la mesa de Nabucodonosor. Para mí este color representa la imagen de Cristo en nosotros; el no contaminarnos con lo que es la comida de la carne, ni ser participes de la mesa de Nabucodonosor con sus injusticias, el sistema babilónico de religión y otros. La Palabra dice que después de diez días los rostros de Daniel y de sus amigos eran mejores. El diez habla de la responsabilidad de guardar la palabra de Dios. Estos vegetales con que ellos se alimentaban son símbolo de los frutos del Espíritu Santo, los que reflejan en nuestro rostro la imagen de Dios.

El azul nos habla de lo celestial. Los sacerdotes usaban un borde azul en sus vestiduras, que les recordaba su caminar celestial y su responsabilidad como hijos de Dios. El lino también habla de la pureza. Las personas que trabajaban con este material tenían que ser escogidos sabiamente, porque esta tela es bien finita. No todo el mundo podía trabajar con dicho material, debido a que era muy frágil y podía romperse fácilmente. Se sacaba de una planta que crecía bien pegada de la tierra. Una vez arrancada, se machacaba bien machacada y se ponía al sol caliente, para luego sacar la tela de ello. La planta no era lino sino hasta que pasara por un proceso. Por esta razón estamos viendo los cambios que están ocurriendo dentro de la Iglesia, porque Dios, poco a poco, nos está procesando para vestirnos con vestiduras de lino fino.

El color púrpura habla de Cristo, el Rey de reyes. Es una mezcla de azul y vino, lo cual representa que en Jesús había una conjunción de lo que era hombre y lo que era Dios. Los anillos hablan de la unidad con el Espíritu Santo, intimidad entre Cristo y nosotros, su Iglesia. Habla del alma sometida al Espíritu de Dios que mora en nosotros. Los reclinatorios de oro hablan de cómo el hombre puede descansar en la justicia de Dios y no en el hombre. La plata representa nuestra redención. El mármol es una piedra fina, y era la más fuerte para las columnas; representa lo que sostiene el verdadero edificio. Jesús es nuestra roca fuerte y la más bella de todas; Él es quien nos sostiene como su edificio, como templo suyo que somos aquí en la tierra.

El alabastro es también un tipo de mármol. El jacinto habla del tipo de especies que después de exprimidas dan un olor fragante que llena todo el palacio.

La palabra de Dios dice que el rey daba de beber en esos vasos de oro durante este banquete. Esto representa vasos probados, que aunque pasaron por su tiempo de fuego, todavía sirven fielmente para recibir la manifestación del propósito de Dios en sus vidas. Dichos vasos de oro son los hombres y mujeres que aun en medio del sacrificio y la persecución, con aprobación o rechazo del hombre, o cualquier cosa que otros pudieran declarar en su contra, están dispuestos a mostrar la belleza de Dios y a derramar sobre otros lo que por gracia han recibido.

La Biblia cuenta que eran vasos diferentes unos de otros. Esto nos habla de la particularidad de Dios con cada uno de nosotros, y nos da a entender que nos encontramos en niveles diferentes dentro del mismo proceso, pasando por diversas experiencias con el propósito de manifestar más de la gloria de Cristo aquí en esta tierra. Estos vasos fueron llenados de mucho vino real, lo cual nos habla del derramamiento del Espíritu Santo, la llenura de

Dios. Cuando estos vasos se someten a una obediencia total, el vino es derramado de acuerdo a la generosidad de Padre.

Mientras Dios me iba mostrando estas hermosas verdades, hubo un detalle que me llamó mucho la atención: que nadie fuese obligado a beber. El rey ordenó que se hiciera según la voluntad de cada uno. Dios, en su divino amor, da libertad para que respondamos al llamado que nos está haciendo. Tampoco pretende que por obras humanas ganemos su favor. Su palabra dice que Él causa en nosotros *«el querer como el hacer»*. Habiendo depositado en nosotros su naturaleza, nos ha capacitado para que podamos responder voluntariamente.

La reina Vasti ofreció su propio banquete para las mujeres. Esta es la Iglesia del día de hoy, muy ocupada en sus actividades sociales o en ofrecer su propia interpretación del banquete. Dios nos está llamando a examinarnos a nosotros mismo con sinceridad de corazón. Este es el momento de darle la oportunidad al Rey para que haga algo nuevo, fresco y real, para que produzca algo legítimo del Espíritu de Dios. ¡Basta de celebrar nuestro banquete en el nombre de Dios, sin Dios! El Rey esta buscando una iglesia que se someta a su obra y no al sistema.

Al séptimo día del banquete, el rey tenia su corazón lleno de alegría por el vino. El vino representa el derramamiento del Espíritu Santo y el siete la llenura divina. Puedo ver a mi amado Jesús, mirando a su preciosa reina, su Iglesia, deseoso de impartir más de su Espíritu, de su presencia, de su gloria. Lo veo deseoso de darle este vino santo a su reina, hasta que se embriague con la presencia transformadora de Cristo.

Esta sobreabundancia de Cristo es la belleza que Dios quiere mostrarle al mundo. El Rey conoce tu belleza, sabe quién eres, verdaderamente. ¡Eres toda bella!

«¡Qué bella eres, oh amada mía! ¡Que bella eres! Tus ojos son como de palomas, mirando a través de tu velo. Tus cabellos

son como manada de cabritos que se deslizan por las laderas de Galaad. Tus dientes son como rebaños de ovejas trasquiladas que suben del lavadero: que todas tienen mellizos, y ninguna hay sin cría. Tus labios son como hilo de grana, y tu boca es bella. Tus mejillas parecen mitades de granada, a través de tu velo. Tu cuello es como la torre de David, edificada para armería: Mil escudos están colgados en ella, todos escudos de valientes. Tus dos pechos son como dos venaditos, mellizos de gacela, que se apacientan entre lirios. Me iré al monte de la mirra y a la colina del incienso, hasta que raye el alba y huyan las sombras. Eres toda bella, oh amada mía, y en ti no hay defecto. ¡Ven conmigo del Líbano! ¡Oh novia mía, ven del Líbano!»

—CANTARES 4.1-8 (VERSIÓN LIBRE).

Por lo bella que eres ante los ojos del Rey, Él te ha coronado con corona de gloria. La corona simboliza una alta posición y autoridad, una oficina y autoridad, alrededor de un sufrimiento, alrededor de protección; reino y autoridad, nuestra herencia como cristianos quienes siguen la voluntad de Dios, un precio pagado, la recompensa por una fidelidad mostrada. Jesús pagó un precio cuando fue coronado con una corona de espinas, delante de toda la humanidad. Cuando los soldados lo coronaron y le enterraron esas espinas en su cabeza, se burlaron de su posición de autoridad y de honor, lo que le correspondía como Rey. Pero este Rey, con un amor sobrenatural, fue fuerte en el Espíritu Santo, y soportó pacientemente la burla del mundo. De esta forma *te coronó reina*, y cumplió con la misión que Dios le había dado a completar en la tierra. Jesús pagó un alto precio con su sacrificio, a fin de coronarte y declararte *suya*. Reclamándonos para Él, nos dio la salida para cada situación que enfrentemos. Y con cada enfrentamiento, hará la obra espiritual en nosotros, la misma que destacará y ejercitará la autoridad que nos ha dado como hijos de Dios y como Iglesia.

Cuando te presentas coronada, declaras que eres coheredera con Cristo Jesús. Recuerda: Jesús fue humillado y muerto públicamente, pero también resucitó públicamente.

Así nos exhibirá, públicamente, en la victoria de su resurrección, coronados y sentados en nuestra posición celestial. Como hijos de Dios que somos, Él espera que usemos esa corona correctamente. El rey Asuero había hecho reina a Vasti porque la vio hermosa. Ahora deseaba mostrarla ante todos, porque para él la reina Vasti era la más hermosa. El rey dijo: «*que trajesen a la reina Vasti a la presencia del rey con la* corona *regia, para mostrar a los pueblos y a los príncipes su belleza; porque era hermosa*» (Ester 1.11).

La reina Vasti, la reina bella, se negó a mostrar su belleza y la corona que exaltaba y traía alabanza a su rey. A pesar de todo lo que la reina tenía o había recibido del rey, aun no se había efectuado un cambio de corazón legítimo, o, sencillamente, su corazón se había endurecido.

La Iglesia bella estaba contenta disfrutando de las bendiciones del Rey, pero cuando Él demandó de ella, se negó a satisfacer sus deseos. El deseo de Asuero representa el deseo que arde día y noche en el corazón de nuestro Rey y Señor Jesús: mostrar al mundo la belleza de su amada Iglesia, para convertir a esta generación. Dios no busca obligarte a que muestres tu belleza, Iglesia de Dios, pero sí te da la oportunidad y la convicción para que entres en el gozo de su gloria, mostrando su belleza.

Abre tus ojos como paloma y descubre tu belleza. «*Ábreme, hermana mía, amiga mía, paloma mía, perfecta mía, porque mi cabeza está llena de rocío, mis cabellos de las gotas de la noche*» (Cantares 5.2).

Jesús es coronado con tu obediencia

No temas al precio que Dios esté demandando de ti. Este precio no es una cosa difícil. En primer lugar, es reconocer la obra que Dios esta realizando en ti. Reconoce cuán bella te ha hecho, ¡oh Iglesia!, para que con humildad muestres tu belleza.

Oye hoy su voz que te llama; este es el momento: «*Mi amado metió su mano por la ventanilla, y mi corazón se conmovió dentro de mí. Yo me levanté para abrir a mi amado, y mis manos gotearon mirra, t mis dedos mirra que corría la manecilla del cerrojo. Abrí yo a mi amado; pero mi amado se había ido, había ya pasado; y tras su hablar salió mi alma. Lo busqué, y no lo hallé; lo llamé, y no me respondió»* (Cantares 5.4-6).

Iglesia, se trata de la condición del corazón. Muchos ni siquiera conocen a quien ama su alma. Cuando somos confrontados con el precio de manifestar la belleza de Cristo, entonces se pone a prueba la legitimidad de nuestro amor por nuestro Salvador y Rey. Nuestras acciones hablan por sí solas. Ellas dejaran saber si en verdad amamos al que nos amó primero, o si solamente amamos la bendición que podamos recibir de Él. Si no somos capaces de abrazarnos a nuestra cruz, seamos humildes y permitamos que nuestro amado nos cambie con su amor. *«Mi amado habló y me dijo: Levántate, oh amiga mía, hermosa mía, y ven. Porque he aquí ha pasado el invierno, se ha mudado, la lluvia se fue; se han mostrado las flores en la tierra. El tiempo de la canción ha venido, y en nuestro país se ha oído la voz de la tórtola»* (Cantares 2.10-12).

La obediencia es mejor que el sacrificio

Nuestra oportunidad para bendecir al Maestro es que seamos obedientes a su voz. De esta manera somos recíprocos con nuestro Rey, coronándolo. Cuando Dios nos pide algo fuera de lo normal, lo primero que decimos es «no», porque si fulano de tal sabe que Dios me esta pidiendo que escupa en la tierra y haga dos ojos de barro, pensarán que estoy loca y me van a criticar, y no van a querer estar conmigo.

- «No», porque si fulano de tal ve que Dios me esta usando en lo profético, y entonces me llama para que ore personalmente por él en su oficina por alguna situación, y sabiendo yo que todo el mundo le profetiza bueno, ¿qué ocurriría si le profetizo algo malo?

Perdería la amistad del amigo, y no me invitaría más a su iglesia, porque profetizo diferente a los demás. Y recuerdo que en esa iglesia las ofrendas son buenas, ¡y no puedo perder esa «bendición»! ¿Y qué tal si me abofetean como a Micaías? (1 Reyes 22).

- «No», porque si me invitan a predicar a cierta iglesia y Dios me dio un mensaje de sanidad, de restauración a los corazones heridos, de unidad del Cuerpo de Cristo; y cuando llego el pastor me llama a su oficina y me dice: «Por favor, háblales de prosperidad», o «Háblales acerca de respetar la autoridad pastoral. Diles que si se van de mi iglesia Dios no los va a honrar, porque están fuera de su voluntad.» Y si le digo que no, el pastor, con una mirada de soslayo me dice: «Bueno, tiene veinte minutos», cuando antes pensaba darme dos horas para que le diera fuerte a las ovejas. ¿Tendré que olvidarme del mensaje que Dios me ha dado por su Santo Espíritu para esta iglesia?

- «No», porque ese individuo no cree en el mover del Espíritu Santo ni en la revelación fresca de los propósitos del Padre, ya que su iglesia tiene al Espíritu Santo en una prisión y lo que se predica es lo mismo todos los domingos —(¡Oh, perdón! Sí se predica sobre un pecado diferente todos los domingos)— mientras sus pobres ovejas se están muriendo de hambre. Olvídate de eso; él no va a recibir este mensaje. Dirá: «Eso no es así; la Biblia no dice eso.» Mejor no corro el riesgo de predicarle a ese rebaño...

¡Qué precio, amado! ¡Dios nos ayude y tenga misericordia de nosotros! Creo que Dios nos esta llamando a cambios, a recibir algo fresco y puro del Espíritu Santo. Tenemos que salir del círculo vicioso. Dios nos prometió glorias mayores.

La plenitud de la gloria en un hombre llamado Cristo Jesús

Cuando la nube de Dios se mueve, tenemos que movernos con la nube. Dios no se queda estancado en una esquina del barrio. ¡No nos quedemos nosotros tampoco!

Jehová le decía al pueblo de Israel que comieran el maná fresco el mismo día que lo recibían. Si lo dejaban para el otro día, encontrarían gusanos. Dios no quería que comieran algo viejo; no deseaba que dependieran de lo acumulado, para que no lo comieran sin la frescura que tenía al ser impartido. Jehová quería que experimentaran la fresca unción de este pan, y el milagro de recibir del Padre diariamente. Esto representa la expectativa de una revelación nueva de la Palabra todos los días, en comunión continua con Dios. Esta revelación no es para dejarla envejecer sino para ponerla en acción. Así nos convertimos en un canal de bendición, a través del cual fluye la *vida abundante* de Cristo Jesús.

Cuando la gloria de Dios se movía en el desierto, el pueblo de Israel se movía con ella. La gloria los guiaba en el camino y les cubría sus espaldas. Dios quiere que recordemos la gloria pasada y que disfrutemos al máximo la presente, pero siempre buscando la gloria futura, la venidera, la que nos llevará a conocerlo más profundamente.

De gloria en gloria y de poder en poder

La gloria de ayer ya pasó, debemos continuar moviéndonos hacia adelante para conocer en Cristo la gloria reservada aquí en la tierra. Cristo en nosotros es la esperanza de gloria, y seguirá siendo solo esperanza hasta el día en que su gloria y su belleza sean manifestadas en nosotros. No podemos conformarnos con lo que nos rodea. Salgamos de la trampa del orgullo y seamos fieles unos a otros, levantándonos como Cuerpo de Cristo para, así unidos, mostrar su belleza como Iglesia delante del mundo entero. Soltemos la cadenas de mentira y examinemos nuestros corazones. Juan el Bautista dijo: «*Arrepentíos porque el Reino de Dios se acerca*». El Reino de Dios ya vino; ya está en nosotros, de acuerdo a su Palabra. Dios esta esperando el momento señalado para que este reino se manifieste en gloria a través de sus hijos. Pero necesitamos despertar y sacudirnos el polvo, el cual representa la carne, el alimento de la serpiente.

En Génesis 3.14, la serpiente fue condenada a arrastrarse por los planos más bajos de esta tierra, y a comer del polvo que pongamos en su plato todos los días de su vida. ¡Tenemos que matarla de hambre! Pidamos al Señor que nos visite con la gloria que nos transformará hasta morir a nuestra imagen, hasta que el «yo» desaparezca y Cristo sea visto en nuestros rostros. Para que cuando otros nos miren, puedan decir: «*Verte a ti es como si hubiera visto a Jesús en toda su belleza.*»

Dios esta tocando a la puerta de tu corazón, hoy es el día de no temer, de mostrar la integridad y el carácter de Dios. Este es el día de mostrar la belleza que Dios ha depositado y desea ver en ti. El Padre anhela ver a su Hijo en ti. Seamos hombres y mujeres de una verdadera autoridad en Cristo Jesús, dispuestos a cargar nuestra corona y exhibirla en adoración a nuestro amado.

Esta es nuestra herencia. Caminemos en su absoluta voluntad, sin buscar satisfacernos a nosotros mismos ni a los hombres. Esto es lo que da gloria al Maestro y corona a nuestro Rey. Pero para lograr alcanzar la plenitud de la gloria de Cristo, necesitamos los unos de los otros. Jesús oró que fuera impartida en nuestras vidas su propia gloria, para que fuéramos uno como Cuerpo de Cristo, así como Jesús y el Padre son uno; Jesús en nosotros y el Padre en Jesús (Juan 17). La gloria de Dios en nuestras vidas es el vínculo de unidad, es lo que nos une y lo que nos fortalece como Iglesia. Dios nos llama corporalmente, lo hace con *todos* los miembros de su Cuerpo. No se trata de la unción de un solo hombre o mujer, sino de la unción de un Cuerpo, formado por muchos hijos e hijas, del cual Jesús es cabeza. Esta unción corporal hará posible que todo ojo vea su gloria, y que declaren que Jesucristo es el Señor de todo el universo.

La rebelión escondida roba tu promoción

Vasti desafió a Asuero al no someterse a su deseo de revelar su belleza. Esto fue interpretado como un acto de rebelión en contra del rey. Le costó ser removida de su posición de reina. El rey y sus consejeros entendieron que el comportamiento de la bella reina afectaría el comportamiento de todas las mujeres del reino, promoviendo la rebelión en contra del rey y de los otros maridos.

La rebelión es un pecado. La Palabra dice que es como la hechicería. ¿Haz estudiado alguna vez lo que es la hechicería? Es un espíritu manipulador, que controla a los que se dejan influenciar por él. La rebelión, particularmente en nuestras iglesias, muchas veces es el producto del espíritu de religión. En el Antiguo Testamento Dios se refiere a este espíritu como la Babilonia o la ramera. Cuídate de no estar lleno de un espíritu de religión al ser un hijo legítimo de Dios. Son dos cosas diferentes. Puedes ser religioso, pero no necesariamente transformado al carácter de Jesús. La Palabra de Dios dice que estos religiosos lo proclaman de labios, pero que sus corazones están muy lejos de Él.

Uno de los peligros para el corazón endurecido es la influencia del espíritu religioso y manipulador. La religión no transforma a nadie a la imagen del Salvador. Por el contrario, esta influencia nos lleva a cometer injusticias, supuestamente bajo la bandera de Dios. Lo que transforma tu vida a su imagen y belleza es la relación íntima que desarrolles con el Señor Jesús. «*Yo soy de mi amado, y mi amado es mío*» (Cantares 6.3).

Este espíritu hechicero y controlador era el que dominaba a Jezabel, la mujer de Acab, quien se molestó y se llenó de ira cuando el profeta Micaías no profetizó lo que ella quería oír. El espíritu de Jezabel es peligroso; lo primero que busca es atacar a los líderes. Muchas veces utiliza a personas de gran conocimiento para intimidar a los que no lo tienen, y conseguir sutilmente el poder y las posiciones clave. Jezabel busca a las personas más débiles dentro del Cuerpo de Cristo para manipularlas con sus habilidades y su carisma. Estos pequeñitos se dejan impresionar y controlar por este espíritu rebelde. Los que acaban de nacer de nuevo suelen ser los más susceptibles a caer en la trampa de Jezabel, porque en su búsqueda de respuestas confunden el don espiritual con la habilidad de Jezabel para hechizar, y quedan encantados.

Veamos lo que dice la Escritura sobre esta influencia. En Apocalipsis 2.20 leemos: «*Pero tengo unas pocas cosas contra ti: que toleras que esa mujer Jezabel, que se dice profetisa; que enseñe y seduzca a mis siervos a fornicar y comer cosas sacrificadas a los ídolos.*» Aquí Dios le habla a los creyentes, un tanto enojado porque están tolerando que este espíritu domine sus vidas. Dicho espíritu profetizaba y enseñaba a los siervos a fornicar y a comer cosas sacrificadas a los ídolos. Muchos piensan que esto se trata de una mujer con los labios rojos, faldas sobre las rodillas, o de las que están en la playa tomando sol. Hoy tengo noticias para ti: este espíritu va más allá de la vanidad femenina y de los pensamientos religiosos. Este espíritu de rebelión fue el que atacó a Adán y a Eva cuando desobedecieron al mandamiento de Dios, de no comer del árbol del bien y del mal. Esta rebelión continúa aún, en forma de sabiduría diabólica, sometiendo al hombre a postrarse ante ella.

La Palabra dice que esta seducía a los siervos a fornicar. Mientras leía esto, Dios me comenzó a señalar a la criatura vieja del hombre, y cómo Cristo la crucificó y le dio muerte en la cruz del Calvario. Todavía muchos de nosotros seguimos dándole «respiración artificial» a la vieja criatura. Cada vez que nos hacemos partícipes de sus viejos hábitos, aquellos a quienes Jesús nos libertó, estamos fornicando en contra de Dios. De esta forma nos estamos acostando con el viejo hombre, la vieja criatura, la naturaleza adánica, la cual Jesús crucificó. La Palabra dice que todas las cosas fueron hechas nuevas, que somos nueva criatura en Cristo Jesús. Y esta es la que Jesús desea manifestar. Él vino a morar en nosotros para sacar esos hábitos viejos de nuestra alma; pero para que el alma no se acueste más con estos hábitos del hombre viejo, debemos darle paso a Jesús, quien mora en nuestro espíritu.

Nuestro Señor desea separar en nuestra alma lo que es el trigo de lo que es la paja. El trigo es lo que produce. La paja es lo que ensucia, y esto debe ser echado al fuego para que se queme. Muchos viven en un fuego que parece no apagarse, porque todavía le están dando constantemente lugar a las malas costumbres del hombre viejo. Mientras queden de estas pajas, el fuego nunca se apagará. Pero gracias a Jesucristo, nosotros, sus hijos, no tenemos por qué quemarnos, ya que el pecado no tiene dominio sobre nosotros si nos apropiamos de lo que Cristo Jesús nos ha dado por herencia.

«En cuanto a lo sacrificado a los ídolos, sabemos que todos tenemos conocimiento. El conocimiento envanece, pero el amor edifica» (1 Corintios 8.1). Nuestro mejor aliado es el Espíritu Santo de Dios, que constantemente nos da convicción para que nos mantengamos en los frutos de su amor.

Sacrificamos a los ídolos cuando ponemos el intelecto por encima del amor. Todo aquello que sea de injusticia, todo aquello que no sea de integridad —como por ejemplo participar de lo que sabemos que no es la verdad, hacerle injusticia a un hermano cuando sabemos que es inocente— no tiene la aprobación de Dios. Cuando somos injustos por el temor de perder la fama y el reconocimiento que otros puedan darnos, el hacer que todo el mundo nos ame al precio de ser injustos, es comer lo sacrificado al ídolo Yo. Dios reprueba lo que se ha convertido en sacrificio a los ídolos. Cada vez que buscamos aquello que nos satisface solo a nosotros, sin importar las cabezas que rueden por el medio, es idolatría. Es entonces cuando el yo se ha convertido en nuestro centro de atracción. Este espíritu de Jezabel, de rebelión o de hechicería, se manifiesta de esta forma. Jezabel ha traído mucho sufrimiento a la Iglesia, y siempre viene acompañada de división. Ella busca abortar la visión de Jesús en tu vida. Esta hechicera odia a los profetas y siempre anda intimidándolos, profetizándoles mentiras para causarles temor y sacarlos de los propósitos de Dios. Ella los odia por la sencilla razón de que estos llaman a la integridad y al carácter de Dios; porque llaman al arrepentimiento, y ella, precisamente, lo odia.

Jezabel no se arrepiente ni perdona. Nunca perdona; nunca olvida. Jezabel odia la humildad: su habitación se llama *orgullo*.

El rey Asuero trató inmediatamente con la rebelión de la reina Vasti, removiéndola de su posición. Sabía que en su condición infestaría a las demás mujeres con el mismo espíritu rebelde, y ellas no se sujetarían a sus esposos. *«Porque este hecho de la reina llegará a oídos de todas las mujeres, y ellas tendrán en poca estima a sus maridos, diciendo: el rey Asuero mandó traer delante de sí a la reina Vasti, y ella no vino»* (Ester 1.17). Las mujeres a las que este verso se refiere simbolizan al Cuerpo de Cristo en general, así como a la iglesia local donde Dios nos ha colocado. Los maridos representan a Jesús como cabeza del Cuerpo de Cristo. Tenerlos en poca estima —si este espíritu manipulador no se trata a tiempo— traerá falta de respeto y de sometimiento a la autoridad de Dios. La Palabra dice que *«el decreto que dicte el rey será oído en todo su reino, aunque es grande, y todas las mujeres darán honra a sus maridos, desde el mayor hasta el menor.»* Tanto las ovejas pequeñas como los líderes de todos los niveles son susceptibles a la influencia de este espíritu de rebelión y hechicería. El rey buscaba proteger todo el reino, a las cabezas y también a las ovejas.

Los efectos

Veamos los efectos que esta rebelión puede causar si no se trata a tiempo. La parte administrativa de la iglesia, por ejemplo, las personas encargadas de este ministerio requieren el don de administración, y la unción correspondiente para que esta labor se haga correctamente. Si la persona encargada de la administración no mantiene una relación íntima con el Señor, se convierte en presa fácil para Jezabel. Este espíritu está preparado para atacar en el momento más oportuno, manipulándolo para atacar a la cabeza de la congregación y, de una forma u otra, convertirse en obstáculo para la visión que Dios le ha dado al pastor.

Seamos cuidadosos; estemos alerta. La Palabra dice que Jezabel se maquilla y se pone pintura en su cara. Cuando buscamos en el idioma original lo que significa maquillarse, encontramos que es ungirse o frotarse con aceite; consagrarse. Ahora nos damos cuenta que esta mujer estaba imitando a la unción del Espíritu Santo, con una consagración aparente pero no real, porque lo importante para Jezabel era su propia agenda y no la consagración a Dios y a su obra en la iglesia local. Descubrimos que sus intenciones son tener el control y manipular el poder del alma. Donde hay frialdad y la brisa del amor de Cristo no se siente, ahí está escondida Jezabel. ¿Alguna vez haz visitado una iglesia y lo primero que notas es la frialdad con que la gente se trata, así como la falta del amor de Cristo entre los miembros? Cuidado, Jezabel está escondida esperando el momento preciso para manifestarse.

¿Y qué me dices cuando te invitan a predicar a una iglesia, y Dios les lleva un mensaje del amor de Cristo, de amarse los unos a los otros, y en lugar de regocijarse y dejar que el amor de Cristo los llene, los jezabeles le dicen a su pastor: «No lo traigas más a predicar aquí. De otra forma, no cuentes con nosotros.»? Ahí vemos el espíritu de manipulación y de rebelión en contra del llamado de Dios. Hacen todo cuanto está a su alcance para mantener a su pastor en tinieblas y oprimido bajo amenazas, para controlarlo a él y al resto de la congregación. Sus ofrendas se convierten en sacrificio a ídolos, porque las utilizan como instrumento de control, amenazando con retenerlas si no se hace la voluntad de ellos. Lamentablemente, muchos pastores caen en la trampa del temor de Jezabel, y quedan atados al bolsillo de ellos, haciendo cualquier cosa por tenerlos contentos.

El éxito de Jezabel se encuentra en tener un Acab a su disposición. No podemos permitir caer en semejante situación. Y si hemos caído, levantémonos y tomemos acción. Amigo, Dios no respondió al espíritu de Jezabel con un «¡Ay, bendito...!» En 2 Reyes vemos cómo Jezabel fue violentamente removida del trono de la mentira y de la manipulación que ella misma había levantado (2 Reyes 9.30-37).

A Jezabel no se le puede dar lugar. Esta hechicera tiene que ser desenmascarada tan pronto como la descubres. Si no se trata con ella antes de que cause daño, o cuando el conflicto aún tiene solución, con el tiempo tu iglesia sufrirá de mucha confusión, y otras tantas malicias se unirán al ataque de esta. Como líderes de la iglesia de Cristo, Dios nos ha hecho responsables por sus ovejas y tendremos que rendir cuenta por cada una de ellas. Sé que se cometen errores ignorantemente, pero gracias al Señor por su perdón; Él nos levanta y no nos condena. Pero aun así, el Señor quiere que maduremos, porque para crecimiento nos capacitó.

Aprendamos de nuestros errores y pongámosle rápido el ojo a Jezabel, porque se presenta maquillada y perfumada.

Creo que la siguiente sección te puede servir de ayuda para reconocer el objetivo del espíritu de Jezabel, la forma en que se presenta y lo que su influencia puede traer como resultado. El conocimiento es un arma necesaria para resistir a Jezabel y destruirla. No podemos darle lugar a causa de la ignorancia.

El propósito y los efectos del espíritu de Jezabel.

Jezabel te quiere provocar un aborto

El propósito del espíritu de rebelión es destruir la semilla divina de Dios en ti: todo lo que es y lo que hace a través de esta semilla. Jehová anunció en el jardín de Edén que habría enemistad entre la semilla de la mujer y la semilla de la serpiente (Génesis 3.15). Por eso Jezabel quiere, incesantemente, abortar la manifestación real de Cristo, y su propósito cumplido en tu vida. Por eso este espíritu busca destruir la semilla de Cristo.

Juan el Bautista era la voz que declaraba la venida de Jesucristo, su aparición y su manifestación en medio del pueblo. Juan predicaba el arrepentimiento de los pecados y, con denuedo, comenzó a reprender a Herodes el tetrarca por causa de Herodías, la mujer de su hermano, y por todas las maldades que Herodes había hecho. Juan le decía que no le era lícito tenerla por mujer. Herodes mandó a encadenar a Juan y lo puso en la cárcel. Quería matarlo porque Juan lo confrontaba. Pero temía al pueblo, porque sabían que era profeta. Herodías también lo quería muerto (Mateo 14.3-10).

Herodías, la mujer con quien Herodes estaba fornicando, representa la carnalidad del hombre: un alma rebelde en contra del Espíritu del Dios Altísimo, quien busca cómo satisfacer sus propios deseos. Tan pronto Herodías tuvo la oportunidad de deshacerse de Juan, lo hizo. Se valió de su astucia para manipular a su propia hija y a Herodes. La Biblia dice que Herodías instruyó a su hija a que pidiera la cabeza del profeta Juan como recompensa por bailar delante de Herodes, en ocasión de su cumpleaños. Su hija, tal vez inocente, fue influenciada a tomar parte en la muerte de un profeta. Esta joven habla de una iglesia inmadura, que todavía se deja impresionar por la gloria del hombre. Fíjate que interesante: lo que Herodías quería era cortar la cabeza de un líder. De esta forma lograba intimidar a los demás por causa de la influencia que tenía sobre Herodes. Notarás que para retener este poder ilegítimo, las personas como Herodías mantienen un control total de los que rodean al rey. Fíjate una vez más: el propósito de Jezabel en todo esto es detener la semilla.

Este espíritu destructivo de Jezabel fue el mismo que vino en contra de Jesús, cuando aun era un bebé. María, su madre, había cargado la semilla divina en su vientre por nueve meses. Herodes quiso una vez más interponerse en el progreso de la semilla de Dios. Se enfureció porque no pudo manipular a los reyes de oriente, para que le revelaran dónde había nacido el Mesías. Mandó entonces a matar a todos los niños de dos años o menos, para así continuar controlando esa generación. Pero Dios, en su poder y soberanía, le advertiría a José y a María de las trampas planeadas por Herodes. Estos, en obediencia, fueron liberados de este hombre manipulador cuyo propósito era destruir al Cristo que había nacido.

Hoy en día este espíritu de Jezabel sigue el mismo comportamiento. Persigue a la Iglesia para destruir en ella la visión con la cual ha sido preñada por Dios, con la visitación del Espíritu Santo en sus vidas. Lo primero que busca es paralizar la obra de Dios en cada uno de nosotros, para que el Hijo de Dios no se manifieste en plenitud, e impide que alcancemos la madurez como hijos de Dios. Con su maquillaje trae el espíritu de religión, para que la Iglesia no tenga crecimiento espiritual y se mantenga comiendo levadura vieja.

Jesús le dijo a sus discípulos: «*Mirad, guardaos de la levadura de los fariseos, y de la levadura de Herodes*» (Marcos 8.15). Él estaba bien consciente de este manipulador espíritu de religión. Por esto nos advierte: cuidado con la levadura de los fariseo y la de Herodes. Jesús miró a la cara a este espíritu y siempre lo confrontó; nunca se dejo intimidar. Por ejemplo, en los muchos encuentros que tuvo con los fariseos religiosos, quienes buscaban intimidarlo con sus palabras y sus artimañas. Jesús trató este asunto con firmeza, para no dejarse influenciar por las caras largas.

Este fue el mismo espíritu que manipuló a Judas para que se rebelara en contra de su Maestro, el Mesías. Cuando somos rebeldes, no obedeciendo aquello a lo que Dios nos esta llamando, Jezabel será nuestra compañía constante, para destruir en nosotros los propósitos de Dios para el momento.

Jezabel y sus resultados

Hablemos ahora de los efectos de este espíritu. En el principio de este libro hablamos del precio que Dios nos llama a pagar. Esto es, sobre todo, obediencia a la obra que Dios desea realizar.

Nuestra alma es susceptible a desobedecer la voluntad de Jesús mientras no haya una perfecta unión con el Espíritu de Dios, una consumación por la cual dos se hacen uno. Esto lo vimos en el modelo de la reina Vasti, quien no quiso someterse a la voluntad del rey. El alma rebelde será procesada hasta que rinda su voluntad, ya que muchos de nosotros no hemos querido ceder voluntariamente a los propósitos de Dios. Es muy sencillo: «*El que cayere sobre esta piedra será quebrantado; y sobre quien ella cayere, le desmenuzará*» (Mateo 24.44).

Rebelión y venganza

Al escuchar que Jesús sería el Rey y Salvador de la tierra, Herodes no pudo aceptar la idea de que alguien pudiera tomar su reino, por lo que, al no poder encontrar la semilla, tomó venganza en las criaturas inocentes al mandar a matarlas. Este espíritu sabe que si no puede con los más fuertes, se ocupará de los mas débiles.

Se opone a todo aquello que conlleva sometimiento y obediencia. No cree en sujetarse a ningún tipo de autoridad, ya que su propósito es siempre estar por encima de todos, ya sea buscando colocarse en una posición de autoridad que le garantice poder, o ganando poder muy sutilmente, a través de la manipulación y el control. Mientras estás de acuerdo con su agenda, está feliz, pero cuando lo confrontas te declara la guerra silenciosa. Es aquí donde comienza entonces a maquinar su venganza. Jezabel es muy astuta, identificando las debilidades de aquellos a quienes desea manipular o destruir. De diversas formas trata de convencer a los demás para su propio partido, y rodearse así de admiración. Se fortalece a sí misma para el ataque. De forma arrogante e intimidante tratará de humillarte a ti y a los fieles a tu alrededor. Recuerda siempre que Jezabel va maquillada a todas partes. Por esta razón es que llega a ganarse la confianza que la coloca en una posición ventajosa. ¡Alerta!

Religión

Cuando se trata de ciertos pastores y líderes que se proclaman a sí mismos «líderes espirituales» o «consejeros», utilizan la Palabra de Dios de forma torcida, para dominar a las ovejas. Apelan de manera especial al mensaje de que debes someterte a la autoridad de Dios. De esta forma imparten temor, sabiendo que si intimidan tienen controladas a las ovejas —o, más bien, *hechizadas*. Creo totalmente en el orden divino dentro de la iglesia de Dios, cuando se trata de someterse bajo una autoridad puesta por Dios. Creo en ello por muchas razones bíblicas. Sin embargo, no creo que la palabra *autoridad* se deba usar para manipular a las ovejas, manteniéndolas en temor. Ponen sobre estas pobres un yugo que ni ellos mismos pueden cargar. Es el rebaño de las ovejas amargadas por doctrinas humanas y no de Dios, tristes y en una constante condenación. Para no perderlas, estos individuos se ocupan de enseñarles a catalogar a todos los demás pastores e iglesias a su alrededor como falsos profetas y doctrinas de error. Por supuesto, la única sana doctrina es la que ellos predican, y los líderes de estos pastores están igualmente influenciados con el espíritu de Jezabel.

Hay otra manifestación de este espíritu de religión en nuestras iglesias y es el oponerse al libre fluir del Espíritu de Dios. Quiero aclarar que si se trata del Espíritu de Dios, hay orden y armonía. Hay muchos líderes que con corazón sincero se oponen a todo lo que se sale del patrón al que están acostumbrados. Lamentablemente para estos, el Dios que ellos adoran no puede ser más grande que el patrón de comportamiento que conocen. Esto es lo que precisamente los lleva a caer bajo la influencia de este terrible espíritu de religión, el cual les roba el gozo del Espíritu Santo.

Envidia, celos, mentiras, injusticia y egoísmo

No se goza en la bendición de los demás. Su maldad la lleva a robarle a los demás, no importa lo necesario para lograrlo (1 Reyes 21). La Biblia cuenta que Nabot tenía una viña junto al palacio de Acab. Este quería que Nabot le vendiera su viña, pero él le contesto: «Guárdeme Jehová de que yo te dé a ti la heredad de mis padres.»

A Jezabel esto no le gusto nada. Cuando vio la tristeza de Acab, fue y mintió, haciendo cartas en nombre del rey, y sellándolas con sus anillos; proclamando ayuno. Ella tomó rápido su mascara —el maquillaje espiritual—, busco dos hombres perversos que atestiguaran en contra de Nabot, diciendo que este había blasfemado en contra de Dios y del rey, y los ancianos, escuchando su voz, mandaron a buscar a Nabot.

Estos ancianos no utilizaron el discernimiento de Dios. Esta mujer usó el nombre de Dios en vano, y ellos ni siquiera pudieron discernirlo. Por el solo hecho de que ella mencionó religiosamente el nombre de Dios, su petición fue aceptada. Luego salieron a testificar los mentirosos y el pueblo apedreó a Nabot, matándolo.

Después de este suceso Jezabel buscó a su marido muy contenta, diciendo: «Anda, vé y posee la viña; Nabot murió.» Este es el efecto de la envidia y el celo: lograr usar la injusticia hasta matar, no importa a quién se lleve por delante. Su egoísmo era el *yo y nadie más*. Mientras Acab se dejó controlar por Jezabel, ella fue capaz de hacer lo que fuera posible, injustamente, para darle lo que deseaba por capricho.

Aquí es donde otros actúan como Acab: si no pueden lograr lo que maliciosamente desean, se hacen amigos de Jezabel para que esta, con su poder, les consiga lo que desean. Lo que Jezabel espera de Acab a cambio de esto es que él le dé su vida, para que ella pueda controlarla. Mientras esto sea así, ella será la amiga y esposa fiel, dirigiendo a sus «acabs» en un camino de ignorancia y hacia la destrucción total.

Es muy importante cuidarse de esta influencia dentro de los ministerios en la iglesia. Uno de los ministerios donde a Ella le gusta pasearse es en el de la música. Mientras pueda manifestar celos y competencia, la unción de Dios no será genuina sino solo un incienso contaminado, el cual con el tiempo traerá división. Debemos considerar y respetar los talentos de cada cual, sin importar lo poco o lo mucho que estos puedan saber o aportar. Es saludable saber que Dios tiene un propósito para cada uno, es decir, para todos. Lo importante es ser efectivos en la unidad mientras adoramos, para así manifestar lo que Dios en ese momento quiere hacer en la vida de otros y en la nuestra.

Confusión

Jezabel intimidó a Elías hasta confundirlo, llevándolo a dudar de su llamado. Confundido y sin ninguna dirección, fue a parar a una cueva, sin poder discernir la voz de Dios en ese momento. Pero sabemos que Dios, en su poder y su misericordia, abrió sus ojos y oídos espirituales para que se levantara y tomara su llamado donde lo había dejado. (1 Reyes 19.13-15)

Intimidación

Obligó a 10.000.000 de israelitas a postrarse ante los baales. Solo 7000 almas pudieron resistir, sin dejarse intimidar por sus exigencias. De la misma forma intimidaba a Elías.

El mismo Elías había liquidado a 450 profetas de Baal

y a 400 profetas de Asera. ¡850 profetas en total que comían de la mesa de Jezabel! (1 Reyes 18.19). Pero ella lo intimidó de tal forma que lo confundió. Lo corrió de donde Dios lo había colocado.

Orgullo

No cree en el sometimiento en lo absoluto. Ella nunca se sometió a su cabeza de autoridad, sino que tomó la autoridad de esta, incitándolo para que practicara la maldad (1 Reyes 21:25).

No es amiga de la humildad y no practica la misericordia.

Inseguridad

No tiene una identidad propia. Por eso recurre a la manipulación y al control, buscando la seguridad en el poder. No le permitía a su marido Acab tomar la posición que le correspondía como cabeza, por lo tanto lo dominaba.

Al no tener identidad propia, camina en dos personalidades diferentes. Puede ser bien femenina, así como varonil. Con su parte femenina provoca sutilmente e incita a que en el nombre Dios se cometan injusticias, mas con su parte varonil toma dominio de todos.

Vanidad

A través de su apariencia personal busca impresionar y pervertir a otros (2 Reyes 9.30).

Idolatría

Era una adoradora de dioses ajenos. Materialista, aquello que se convierte en un baal. Eso lleva a rendirle más reverencia que al mismo Dios. Muchas veces se encuentra así el ministerio que una persona quiere afanadamente levantar. Debemos estar seguros de que las motivaciones de nuestros corazones son las correctas. El forzar las puertas y buscar la forma en ser promovidos no nos llevará a nada seguro, sino a mayor carnalidad y menor presencia de

Dios. Al altivo de corazón Dios humilla, pero exalta al humilde de corazón.

Crítica

A través de la crítica y el rumor mantiene su posición. Jezabel y los que la rodean se concentran en criticar los defectos de los demás, en lugar de enfatizar las cosas buenas de estos. Siempre está buscando los defectos para opinar sobre alguien en liderazgo. Recuerda que este espíritu es uno de división. Su crítica se intensifica cuando es ignorada o sus opiniones no son tomadas en cuenta. Jezabel es tan destructiva que si no puede tomar tu lugar o tu poder, buscará tumbarte con él. El peligro de la crítica es permitir que nos domine, aceptándola como ofensa. Si nos ofendemos, hemos caído en la trampa.

Odio

El espíritu de Jezabel detesta la pureza de corazón. Ve en esto una debilidad de la persona y no un fruto. Nuevamente podríamos usar el ejemplo de cómo mandó a matar a Nabot. Si disfruta el matar, tal como lo hizo con otros profetas así como con Nabot, significa que en su corazón no hay nada de amor.

Engaño y mentira

Jezabel se maquilla y se perfuma. Ella opera en el poder del alma. Este es un poder muy real. Muchos lo pueden confundir con una unción verdadera. Anteriormente hablamos de los varios significados que la palabra maquillarse tiene en el idioma original: ungirse o sobarse con aceite, y consagrarse. Con esto aprendimos que su unción no es real; ella imitaba el poder de Dios. Aparentaba ser muy santa trayendo profetas a su mesa, pero era una religiosa idólatra. El espíritu de religión era fuerte en esta sierva de Baal.

Jezabel tiene sus propios planes, y para lograr su objetivo busca colocarse en una posición donde tu comienzas a depender de sus talentos y habilidades. Luego trata de manipularte, poco a poco, para ir ganando terreno. Si toma suficiente fuerza, divide la iglesia. Busca levantar su propio reino, haciéndose de sus propios profetas, los cuales comen de su mesa. Por esta razón Elías destruyó a tantos de ellos. Por la misma razón Dios le dijo a Jehú que la destruyera por completo. Esta es la única forma de tratar con Jezabel: aplicándole el trato de Jehú.

Toma en consideración que Jezabel es la influencia que domina a la persona. Esa influencia es la que requiere un trato severo. Pero no podemos olvidar que la persona influenciada necesita liberación. Por esta razón, no podemos hacer de esto una guerra personal. Se trata de algo espiritual.

Hasta aquí hemos visto varios efectos y resultados del espíritu de rebelión. Algo que me llamó la atención cuando leía en 2 Reyes 9.34 fue que después de destruir a Jezabel, Jehú mandó que la sepultaran, pero de su cuerpo solo encontraron la calavera, los pies y las palmas de las manos. Decidí estudiar un poquito más del significado original y mira lo que pude encontrar:

Calavera: Acreedor de una cabeza; enumeración de personas; en todo hombre; remover, terminar con esto; juntos, corramos; buscar ocasión. Esto significa que Dios nos esta llamando a todos para que la resistamos unidos, no dándole lugar para que continúe intimidando a las iglesias de Dios.

Manos: Representan los cinco ministerios de la iglesia: profético, apostólico, evangelístico, pastoral, enseñanza. Estos son los ministerios a los cuales ella busca infestar y dividir, intimidándolos constantemente, para diluir su efecto en el plan perfecto de Cristo en esta tierra.

Pies: Son tipo del Cuerpo de Cristo en la tierra; los que hoy anuncian las Buenas Nuevas. Esto nos dice que el Cuerpo formado por hombres y mujeres está expuesto a ser tocado por este espíritu, el cual se puede manifestar de diferentes maneras.

¡Estemos siempre alerta para discernir y evitar caer en tal rebelión! Y si sientes que tu alma aún carga este mal hábito, y haz luchado en contra de lo que Dios ha querido hacer en tu vida, Dios tiene una cita contigo en este momento. Tal vez Dios te libertó ya de este mal, pero en tu alma persisten esos viejos hábitos que no quieren darse por vencidos. Quizás estas escuchando la voz de Dios, llamándote a pagar el precio del sometimiento dentro del ministerio donde te encuentras, y piensas que no puedes hacer tal cosa; que siempre haz sido una persona muy independiente y no te gusta sentir que otros te dominan. Créeme que no se trata de una cuestión de quién domina a quién, sino de un orden divino. Tal vez haz tratado y fallado una y otra vez, y crees que esto no valdría la pena. Criatura de Dios, ¡sí vale la pena! Pon tu confianza en Jesús y Él hará la obra. Sométete al Espíritu Santo y Él se glorificará a través tuyo.

Tal vez eres un líder, y humildemente reconoces que has herido a muchos través de esta rebelión, y temes hablar con alguien porque todos saben que haz sido un poco manipulador. Dios te ama y está dispuesto a libertarte y atraerte a una dimensión más poderosa que la que has vivido hasta ahora. Sólo ríndete a Él y en este momento Dios te dará su socorro.

Quizás eres una ama de casa, y toda tu vida haz estado bajo el tormento de manipular a tu esposo y a tus hijos. Renuncia al orgullo y permite que Jesús te llene en este momento con su humildad, creando en tu vida algo nuevo y diferente. Así serás una extensión de bendición en la vida de otros, dándole de la libertad que has de experimentar en este momento.

Criatura de Dios, hoy el Padre, en su infinita misericordia, ha puesto este libro en tus manos con un propósito. Aprovecha el momento para recibir la bendición. No pelees más. Recibe tu libertad, ordenándole a Jezabel (rebelión) que suelte tu vida, puesto que Cristo venció esa rebelión en la cruz del Calvario. Renuncia a su influencia y pídele al Espíritu Santo que llene esa área de tu alma con su convicción.

Ahora, si me lo permites, quiero orar contigo en este momento:

«Padre Celestial, te pido por este lector, por esta lectora. Te ruego que traigas luz a su vida, para que puedan entender la obra que deseas realizar en él o ella, trayendo su alma al sometimiento de tu perfecta voluntad, y de esta forma libertar totalmente de toda opresión del espíritu de rebelión, así como de todos sus efectos.

»Padre, ayúdalo o ayúdala a llevar cautivo todo pensamiento a la obediencia de Cristo. Manifiesta en él o ella el poder de tu gracia bendita, para que como hijo tuyo, o hija tuya, salga brillando con tu gloria.

»Jesucristo, resucita ahora mismo en su vida y esparce a todos los enemigos que buscan hacerle doblar la rodilla ante Jezabel. Dale la victoria ahora mismo. ¡Que tú gloria inunde el lugar donde se encuentra en este momento!

»En el nombre de Jesús, te lo pedimos, Padre, dándote la gloria por la victoria total. ¡Amén!»

CAPÍTULO 5

«*Jesús desea coronarte*»

D ios quiere que tengamos bien claro algo: su Palabra es espíritu, es vida. Es Jesús encarnado. Por esta razón es viva y trae con ella toda la solución para el alma del hombre.

La Palabra dice en Juan 1.1-3 que «*En el principio era el Verbo, y el Verbo era con Dios, y el Verbo era Dios. Este era en el principio con Dios. Todas las cosas por él fueron hechas, y sin él nada de lo que ha sido hecho, fue hecho.*» Cuando Dios declaró con su boca la palabra, lo que estaba saliendo de lo más profundo de su interior era Jesucristo, la Palabra Viva, Creadora.

La Palabra de Dios no debe tomarse como un libro de cuentos o historias irrelevantes, las cuales recordamos sin tomar en consideración el poder y la vida que guardan. «*Porque la palabra de Dios es viva y eficaz, y más cortante que toda espada de dos filos; y penetra hasta partir el alma y el espíritu, las coyunturas y los tuétanos, y discierne los pensamientos y las intenciones del corazón*» (Hebreos 4:12). Jesús es la realidad de su Palabra. Él es eficaz para penetrar hasta partir el alma y el Espíritu. Esto significa que, con su obra perfecta, es capaz de separar lo que es producido en el poder del alma, de lo que es la pureza del Espíritu. Es eficaz para tomar todo lo que es pura emoción, lo que es producido a través de las obras muertas de la religión y todo lo que es producto de un alma rebelde, y separarlo de lo que son las verdaderas intenciones del Espíritu de Dios en nosotros, de la belleza que guardamos en Cristo.

La Biblia dice que el Señor ha limpiado nuestra consciencia de obras muertas, todo lo que producimos en nuestra fuerza y que es contrario a la Palabra de Dios. Pero para recibir esta bendición debemos considerar que Jesús es quien hace todas las cosas, y por Él serán hechas las que necesitan manifestarse en nuestra vida. Sin Él, nada será hecho. Es imposible vencer en nuestra propia fuerza las situaciones que enfrentamos, y participar así del reposo que el Señor nos ha prometido. Debemos seguir la dirección del Espíritu Santo en todas las cosas, de manera que podamos alcanzar la victoria que Dios nos ha dado y no morir en el intento, tratando de hacerlo en nuestro propio esfuerzo o en el poder del alma. Siguiendo la voz del Espíritu veremos la victoria manifestarse en nuestras vidas, a su debido tiempo.

Una vez más quiero ser clara contigo: no trates de impresionar a Dios en tu fuerza carnal, a través de tus obras. La Palabra nos dice muy claramente que más vale la obediencia que los sacrificios. Tal vez te preguntas: «¿Qué intentas decirme con esto?» Tal vez al leer el libro digas: «Sí, quiero ser obediente. Quiero pagar el precio y conocer más a Jesucristo. Reconozco que le he abierto las puertas a Jezabel, y quiero ser libre de esta condición.» Eso es glorioso, pero sin la ayuda del Espíritu Santo en tu vida será imposible entrar en el verdadero banquete del Señor.

Déjame explicarte un poquito más. Usemos el ejemplo del ayuno, la oración, la lectura de la Biblia, la alabanza, y la adoración. Todo esto es muy necesario e importante en la vida de un cristiano. Sin esto, me secaría espiritualmente. Pero estas cosas no se pueden utilizar para torcer el brazo de Dios. Deja de correr a practicar lo que siempre haz hecho religiosamente, y dale la oportunidad al

Espíritu Santo que te dirija. Posiblemente ayunas por tu cuenta cinco veces en la semana, ¡y tal vez lo que Él quiere son solo dos! Pero como estabas tan ocupado en resolver tu situación inmediatamente, no pudiste oír cuál era, exactamente, la dirección que el Espíritu Santo quería darte. ¿Y qué tal si no era ayuno lo que Él quería que le ofrecieras? ¿Qué si sólo deseaba que lo adoraras por una hora? Esto es lo que nos ha pasado a muchos cuando hacemos tanta obra en el poder del alma. Nos emocionamos, y cuando no nos funciona nos frustramos.

Debes entrar en la paz de Cristo; entra en su descanso. Pídele que te dé su dirección divina. No corras a hacer lo que siempre haces en tu propia fuerza, de lo contrario caerás en la misma condición frustrante y religiosa. Lo primero que Dios desea es liberarnos de ese espíritu de religión, el cual nos condena cuando *no hacemos algo* en nuestra fuerza, tal como nos lo propusimos.

Vimos en nuestro capítulo anterior cómo la reina Vasti perdió su condición al no querer mostrar su belleza delante del rey, a causa de su rebelión. Dios nos habla proféticamente en el libro de Ester, de la obra que Él está realizando en nuestras vidas; una obra que nos llevará a recibir la promoción que Dios nos guarda con fidelidad, y que tanto anhela que alcancemos. A partir del capítulo 2 del libro de Ester descubrimos cómo lograr entrar a una dimensión de total victoria y restauración divina, cuando mostramos la belleza que el Rey nos pide que manifestemos. En la vida de Ester vemos cómo ella pudo someterse a la dirección del Espíritu Santo, y lograr esta victoria. Por esta razón fue galardonada con una corona regia, y la exhibió públicamente con mucha satisfacción.

Ester se convirtió para mi vida en la gran revelación de la obra que Dios estaba tratando de lograr en mí. Muchas veces, en oración, deseaba que Dios fuera más claro conmigo acerca del por qué de ciertas experiencia en mi vida, las cuales no tenían ningún sentido aparente. Pero a través de su Palabra encontré valiosas respuestas.

El nombre de Ester era originalmente Hadasa, lo que significa frescura; cosa nueva; hacer algo nuevo; reconstruir; renovada. Ester significa persona valiente; protagonista; realizada; prospera en lo que hace. Era una joven huérfana. Su tío era un judío llamado Mardoqueo, de la descendencia de Benjamin. Él la adoptó como hija suya porque sus padres habían muerto. Tal vez lo que menos esperaba Ester era la tragedia de perder a sus padres y tener que ser adoptada por otro familiar. Luego de vivir fuera de su país de origen y tener que poner su confianza por el resto de su crecimiento en este familiar, pienso que, seguramente, en medio de todos estos cambios, ella meditaba en su corazón: «*¿Por qué Dios habría permitido tal cosa?*» Lo menos que ella imaginaba era que Dios había planeado algo glorioso para su vida. A veces es un poco difícil entender el por qué de ciertas situaciones que enfrentamos, pero sí te puedo decir, con gran confianza, que el Señor las usará a todas para glorificar su santo Nombre. Ten en cuenta que en el Señor no hay pérdidas ni derrotas. Dios es todo *victoria*. Nada de lo que podamos enfrentar tomará a Dios por sorpresa, porque está en control de todo lo que nos rodea. Él no duerme ni se fatiga, y hasta el mismo diablo debe someterse a la voluntad de Dios. Satanás no puede hacer más de lo que se le permite. Cuando el diablo fue a tocar a Job no pudo, porque había un vallado alrededor de Job y de su casa, que Dios había puesto. «*Respondiendo Satanás a Jehová, dijo: ¿Acaso teme Job a Dios de balde? ¿No le has cercado alrededor a él y a su casa y a todo lo que tiene? Al trabajo de sus manos has dado bendición; por tanto, sus bienes han aumentado sobre la tierra. Pero extiende ahora tu mano y toca todo lo que tiene, y verás si no blasfema contra ti en tu misma presencia*» (Job 1:9-11). Como ves, no importa lo que pase, Dios tiene absoluto control de nuestras vidas.

Ester pudo experimentar este divino control aun cuando había experimentado la tragedia de perder sus padres. Dios no era ciego a lo que había sucedido sino que continuaba operando algo positivo, a fin de traer a Ester a caminar en una dimensión más elevada del Espíritu.

La Palabra dice que después de que se le pasara la ira al rey Asuero se acordó de Vasti y de la sentencia que se le impuso (Ester 2.1). Parece ser que meditaba en ella. El corazón del rey había sido conmovido de dolor al ver que la bella reina, a quien amaba, había tenido que ser removida de su posición.

No creo que fue fácil para el rey olvidar las veces que Vasti había obedecido sus ordenes, o tal vez las noches o días que Vasti pasaba en su compañía, dándole de su amor, ya que era su esposa. Su dolor probablemente sería el *¿por qué?* de esta separación tan repentina. Tal vez su deseo fue darle una oportunidad más a esta reina, pero ya había sido sentenciada por el cuerpo de consejeros. Recuerda que Cristo, en su amor, siempre se acuerda de nosotros, aunque no apruebe el pecado y los hombres nos sentencien.

Pienso que haber removido a Vasti de su posición no significaba que el rey había dejado de amarla, sino que la situación obligaba a este cambio, por el bien de ella y de otros dentro de aquel reino. Creo que uno de los sucesos más claros en la Biblia sobre este sentimiento fue cuando David mató a uno de sus siervos para tomar su esposa. David se olvidó de mostrar su belleza y derramó sangre injustamente. Esto causó que David fuera perseguido por sus enemigos y que ya no hubiera paz en su reino. No obstante, Salomón, hijo de David y de Betsabé, la esposa del siervo a quien David dio muerte, fue elegido por Dios para que le edificara casa.

Salomón recibió la bendición del pacto que Dios había hecho con David, y está incluido en el linaje de Jesús. Ahora, ¿por qué fue así? Porque esto representa la misericordia de Dios y la gracia que le da a un hombre cuando se humilla ante su presencia y se arrepiente de su pecado. Esto no significa que David no tuvo que pagar un precio por el error que cometió. Al contrario, pagó un precio muy alto. La Palabra dice que David y esta mujer tuvieron un hijo antes de Salomón, pero Dios se lo llevó a su seno.

Él no desprecia a sus hijos por los errores cometidos, tampoco cuando han cometido un pecado. Pero sí los disciplina, enseñándoles que en su reino hay un orden divino que se debe respetar. De lo contrario, el Reino estaría en desorden, y, como sabes, Dios es un Dios de orden.

Belleza celestial

Cuando los fariseos religiosos trajeron ante Jesús a la mujer que había adulterado, querían darle una sentencia de muerte; querían destruirla (Juan 8.3-11). Pero Jesús, inclinado hacia el suelo, escribía en tierra con el dedo. Esto me llamó la atención, ya que todos fuimos formados del polvo de la tierra. Me parece que Jesús meditaba en el hecho de que esta mujer, como el primer Adán, eran del polvo de la tierra.

Recordarás que este polvo es el alimento de la serpiente. Mientras otros perdían el tiempo en criticarla, Jesús sabía que de esta mujer, proveniente del polvo, haría una mujer como el último Adán: celestial, una nueva criatura, *una nueva creación.*

«El primer hombre es de la tierra, terrenal; el segundo hombre, que es el Señor, es del cielo. Cual el terrenal, tales también los terrenales; y cual el celestial, tales también los celestiales. Y así como hemos traído la imagen del terrenal, traeremos también la imagen del celestial» (1 Corintios 15.47-49). Fue su dedo creador quien la escogió, dándole la libertad y el poder para que no pecara más. *«Así que, si el Hijo os libertare, seréis verdaderamente libres»* (Juan 8.36). Por esta razón, cuando los fariseos la criticaron, Jesús no la condenó.

Él estaba viendo lo que el Padre con su dedo estaba creando en aquella mujer. Recuerda, Jesús sólo hacía lo que veía al Padre hacer. Entonces Jesús les dijo: *«El que de vosotros esté sin pecado sea el primero en arrojar la piedra contra ella»,* y todos se fueron, avergonzados. Hubiera sido glorioso si estos hombres no se hubieran dejado cegar por el espíritu de religión. También en ellos Dios hubiera creado algo nuevo y fresco.

La intención de Jesús con aquella mujer era dejarle ver el poder que Dios tenía para quitarle su pecado, y no condenarla como los hombres lo hacían. Jesús le dijo: «*Vete, y no peques más.*» En ese momento le ministró corrección y restauración.

No peques más

Él le dio el poder para vencer, no condenación. Esta mujer ya estaba pagando el precio al recibir la persecución pública de los que la perseguían. Creo que esto tuvo que haber sido muy vergonzoso para ella, como tal vez lo fue para Vasti, cuando fue removida públicamente al no querer mostrar su belleza. No creo que removerla hubiera sido el deseo del Rey, pero esta fue una decisión que tomó la reina.

Sé que los casos de Vasti y de la mujer adúltera de Juan 8 son diferentes, pero la desobediencia tiene siempre un mismo precio. Así como Jesús creó algo nuevo en aquella mujer que había adulterado, también lo hubiera creado en la vida de Vasti, si ella se lo hubiera permitido. De la misma forma lo hará en nosotros. Jesús manifestará la nueva criatura, la belleza celestial, la belleza de Cristo, si solo permitimos que obre en nuestra alma. Si por el contrario, no le damos la oportunidad, solo seremos espectadores que miran de lejos a aquellos que están disfrutando la presencia Dios.

Cuando Dios toma decisiones como la tomada con Vasti, removiéndola de su posición, Él sabe por qué lo hace. Créeme que la acción de Dios no es para destruirte, sino para restaurarte con su amor como parte de su obra. Él no puede parar lo que comienza; su trabajo es continuo.

Pero antes de proseguir con la coronación de Ester, es importante hablarte de lo siguiente: si deseas comenzar de nuevo y le permites a Dios que trabaje con tu alma, tal como Él lo tiene determinado, te podrás levantar en gloria y ser esa bella reina coronada, como lo fue Ester. Recuerda que todos estamos pasando por el proceso de Dios en el lugar donde nos encontramos. Por esta razón puedes sentirte libre para comenzar de nuevo y hacerte partícipe de lo que significa el nombre de Ester.

Es tiempo de experimentar algo fresco en tu vida, algo nuevo, esa cosa nueva que quiere hacer el Señor. Él quiere reconstruirnos a todos, renovarnos para que podamos testificar valientemente de su magnificencia y poder. Él quiere convertirse en el centro de tu vida, en el protagonista de la escena. Él desea realizarte y prosperarte en lo que haces.

Ester fue una joven que encontró gracia y favor delante de Dios. Ella agradó a los ojos de Dios. El rey algo vio en ella que le fue muy atractivo. De entre todas las doncellas, el aroma de Ester fue el que llegó hasta el Padre. Pienso que fue el mismo aroma que percibió de María Magdalena, y el mismo aroma que espera recibir de su novia, la Iglesia.

Algo que captó mi atención fue que al ser escogida por el rey, Ester no declaró cuál era su pueblo de procedencia. Mardoqueo le había ordenado que no lo declarase. Históricamente, podríamos darle varias interpretaciones; pero si seguimos la línea del Espíritu Santo, podemos aprender de las abundantes riquezas que Él nos quiere mostrar.

Mardoqueo representa al Espíritu Santo, cuidando continuamente de la vida de Ester. De allí la relación íntima que ella mantenía con él como padre y protector. Ella fue muy humilde en obedecer la voz del Espíritu, es decir, a Mardoqueo. Podría haber ignorado su consejo y comenzar a hablar de la descendencia próspera de donde venía, ya que era de la descendencia de Benjamín. Pero Mardoqueo le dio un mandato: «No hables de la descendencia», y Ester, humildemente, obedeció y siguió sus instrucciones.

Si hubiera seguido a las emociones del alma en vez de dejarse guiar por el Espíritu, habría interferido con los propósitos de Dios en aquel lugar, puesto que se convertiría en un instrumento de Dios para beneficio del pueblo judío.

A veces nuestra dimensión del alma emocionada quiere hablar mucho, declarando quienes somos, lo que tenemos y otras tantas cosas, cuando Dios lo que nos esta diciendo es: «Calla; no necesitas la aceptación de los hombres. Sólo confía y sigue mi dirección, y verás los grandes resultados de lo que voy a hacer.» Ester fue una mujer que en todo momento estuvo lista para seguir la dirección del Espíritu Santo.

Ahora, tu me preguntarás: «¿Por qué dices que Mardoqueo representa El Espíritu santo?» Porque la Palabra dice en Ester 2.11: «*Y cada día Mardoqueo se paseaba delante del patio de la casa de las mujeres, para saber cómo le iba a Ester, y como la trataban.*» El patio es el espacio que le damos al Espíritu Santo en nuestras vidas, para que se pasee. La casa somos nosotros. No importa el lugar en que Dios nos ponga o la situación por la que atravesemos, nunca estaremos solos. El Espíritu Santo siempre se paseará en el patio de nuestra casa espiritual. Él estará presente para amarnos, para recibirnos en sus brazos, para cuidarnos, para fortalecernos, para hablarnos, para acompañarnos y ministrarnos.

Fíjate que la Palabra dice: «*la casa de las mujeres*», y estas mujeres representan nuestras iglesias hermanas, donde Dios, a través de su Santo Espíritu, esta operando la misma obra, en diferentes niveles, pero con el plan de traernos a todos a una misma conclusión. El resultado será *manifestar a Cristo en gloria*. Mardoqueo quería visitar a Ester en todo momento. No quería que ella perdiera su sensibilidad espiritual, para que cuando le llegara el tiempo de mostrar su belleza supiera que no estaba sola.

Este es el entendimiento que Dios quiere que tengamos como escogidos de Dios: no importa el precio que deba pagar, o el proceso por el cual tenga que pasar nuestra alma, no estamos solos. Por tanto, no hay por qué temer. Así entrarás a conocer lo que nunca haz descubierto sobre el Espíritu Santo.

El Espíritu espera que seas sensible a Él, para darte la dirección correcta que te llevará a hacer proezas en Dios. La Palabra dice que «*Ester también fue llevada a la casa del rey, al cuidado de Hegai guarda de las mujeres*» (Ester 2.8). Hegai significa meditación. No hay duda alguna que para que Ester se fuera preparando para mostrar su belleza ante el rey, tenía que ir meditando en lo que había aprendido de Mardoqueo (el Espíritu Santo) en su tiempo de adopción. Sabemos que como hijos de Dios hemos sido adoptados a través de Jesucristo, y en medio de esta gloriosa adopción es el Espíritu Santo de Dios quien aclama a través nuestro: «¡Abba Padre!» Abba significa papá. En forma más íntima y dulce sería «papito».

Este conocimiento íntimo impide el temor de entregar nuestra alma totalmente a Dios, para que a través del Espíritu Santo manifieste los perfumes de los cuales habla el libro de Ester. Jesús, nuestro amado Salvador, durante su vida terrenal, como hombre, tenía una revelación inmensa de «su Papito», tanto que no le importó pagar el precio. «*Y decía: Abba, Padre, todas las cosas son posibles para ti; aparta de mí esta copa; mas no lo que yo quiero, sino lo que tú*» (Marcos 14.36). Esta relación es la que el Espíritu Santo quiere que logremos en nuestras vidas con Dios, nuestro Papito (Isaías 9.6).

Atráeme a tu recámara

Mientras te opongas a que el Espíritu Santo te traiga a las cámaras de nuestro Rey, a un lugar de intimidad con nuestro Señor, será imposible mostrarle tu belleza. «*Atráeme; en pos de ti correremos. El rey me ha metido en sus cámaras; nos gozaremos y alegraremos en ti*» (Cantares 1.4). La Palabra dice que los criados del rey buscaban mujeres vírgenes. Esto representa mujeres que no están dispuestas a contaminarse, iglesias que aunque hayan pasado por experiencias difíciles no están dispuestas a vender su herencia. Estas iglesias no se gozan en la injusticia ni se conforman con migajas. Solo desean una visitación de Dios en sus congregaciones. De día y de noche, lo único que desean es que Dios las transforme a su imagen por medio de su gloria, sin importar el precio que Él les pida.

Veamos lo valiente y determinada que fue Ester al someterse al proceso de su atavío. Esto consistía de seis meses con óleo de mirra y otros seis con perfumes aromáticos y afeites de mujeres. En el idioma original tenemos los siguientes significados. Óleo de mirra significa naturaleza pegajosa, como en amargura, como en gotas que caen poco a poco, molesta, descontenta, un peso grande, apertura, pérdida, comenzar, romper, sacar, dejar ir libre, arar, amoldar, abrir en pedazos, romper en partes, separar.

No cabe duda alguna que esto trata de un proceso en la vida de Ester. Afeite de mujeres significa purificación, jabón perfumado para bañarse, limpiar, purificar, limpiar para brillar dándole forma, brillar, repetidamente, durante una búsqueda. Perfumes aromáticos significa descanso, placentero, deseada, dulce olor, trato hecho, usada en grande variedad de aplicaciones, descansar en, dar confort en el lugar, acercarse, descansar su cuerpo, silencio, soñado.

Estoy segura que notaste lo que yo también vi: ¡que todo esto esta describiendo un proceso en la vida de un cristiano! Estas son las especies de nuestra alma, que nos llevarán a mostrar o a derramar, donde quiera que vayamos, los perfumes aromáticos. Esta es la fragancia que Dios desea percibir de nosotros, pero para ello es necesario el proceso del óleo de mirra y los afeites de nuestra alma. De lo contrario, será solo una fragancia de aroma extraño, que no será de agrado a nuestro Padre Celestial.

Ester tenía que estar doce meses en este proceso de especies. Seis meses en óleos de mirra y seis en los afeites de mujeres y perfumes aromáticos, hasta estar lista para mostrar su belleza al rey. Lo más tremendo de esto es que el número seis representa las limitaciones del hombre. Dios le mostraba a Ester sus limitaciones.

Si sumamos estos dos períodos resulta en doce. Este número habla del gobierno divino de Dios y del orden divino en la vida de un hijo o una hija de Dios. Esta mujer estaba entrando a conocer el poder de lo que representaba el verdadero gobierno de Dios, la autoridad de Dios, el sometimiento a la obediencia del rey. Al someterse y mostrar su belleza, Ester encontró tanta gracia ante el rey que todo lo que le pedía, él se lo concedía. Durante su proceso ella aprendió a ser aun más sensitiva a la voz de Dios.

El favor con Dios y con los hombres

La Biblia dice que Ester solo venía ante el rey cuando él la llamaba por su nombre, y si él la llamaba por su nombre, ella respondía. No hay duda de que en ella se estaba llevando a cabo un glorioso cambio de naturaleza. Creo que por esta razón, cuando venía con alguna petición ante el rey, él no le negaba nada porque las motivaciones de su corazón eran puras. Así Ester ganaba el favor de todos los que la veían.

Este es el favor que Dios quisiera darnos a muchos de nosotros, dentro y fuera de la Iglesia. El problema es que respondemos cuando Dios no nos esta llamando, o empujamos las puertas fuera del tiempo de Dios. Muchas veces, por esta razón, no encontramos la gracia ante Dios y los hombres que la Palabra nos promete.

Nuestras motivaciones no son las correctas. Recuerda que aunque Dios te haya colocado en diferentes lugares para servir, esto no significa que sea el tiempo de tener gracia con el hombre. Probablemente es el tiempo de la gracia con Dios, para que Él obre lo que desea en tu vida. Una vez tu te hayas sometido a su voluntad, entonces esta gracia abrirá el camino para que se manifieste el favor con los hombres, ya que has sido preparado por Dios para lo que te ha llamado.

En ocasiones Dios nos da un poco de esta gracia con ciertas personas, y en ciertas circunstancias, para desempeñar lo que Él quiere en ese lugar y en ese momento. Pero otras veces es solamente el tiempo de las especias, y luego que Él vea tu fidelidad en medio de ellas, entonces llegará a tu vida lo prometido. Mientras le sigas dando lugar al alma a rebelarse en contra del proceso de Dios, ese proceso se alargará mas aun. Sé fiel a Dios donde Él te coloque.

La Palabra dice en Ester 2.15 que cuando fue presentada delante del rey, ninguna cosa procuró sino lo que le dijo Hegai el guarda de las mujeres.

Este verso también repite que Mardoqueo era quien la había tomado por su hija. Recuerda que Hegai, significa meditación, y Mardoqueo representaba el Espíritu Santo, al Espíritu de adopción. Esto da testimonio de que Ester era una mujer muy sabia. No iba buscando cómo impresionar al rey con su presencia en aquel lugar. Sabía que el precio que estaba pagando no era para traer la carne a la escena; no era necesario buscar ganar el favor de los hombres en su propia fuerza carnal. Esto solo le causaría problemas y más fuego que el necesario. Por eso dice la Palabra que ella meditaba (Hegai) solo en lo que el Espíritu Santo le decía. Aprendió que era mejor sentarse en la silla de atrás y ser llamada al frente, que sentarse al frente y ser removida públicamente. Definitivamente, su alma estaba en un adiestramiento tremendo.

Tal vez sea este el proceso en el cual te encuentras. No pierdas el ánimo, porque Dios te recompensará. Dios vio la humildad en el corazón probado de Ester y ella recibió su promoción. Siempre que Dios nos da una promoción hay un gran propósito espiritual en ella. Esto fue exactamente lo que Dios hizo con Ester: convertirla en una voz profética, en medio de un pueblo judío necesitado.

Ester 2.17 dice que el rey amó a Ester más que a todas

las otras mujeres. Una vez más encontró gracia y benevolencia delante de él, más que todas las otras vírgenes. Entonces puso la corona real en su cabeza y la hizo reina en lugar de Vasti. Esta corona real fue para ella la gracia pública con la cual Dios la coronaba, el honor que Dios le estaba dando públicamente como reina. La mirada profunda, llena de un amor apasionado, transformó la vida de Ester. La fidelidad que ella mostró la llevó a ser coronada por el rey. Ella recibió su autoridad y la herencia que, por la gracia de Dios en su vida, estaba poseyendo.

Cuando nosotros, como Iglesia, entremos en ese lugar de profunda intimidad con el Maestro, tal como Él espera, entregándole todo lo que somos y lo que creemos que es lo mejor para nosotros —muriendo a nuestros deseos y ambiciones, y tomando sus deseos— entraremos a conocerlo en una mayor dimensión, como nunca antes lo hemos experimentado o visto.

Ha llegado el tiempo para que muchos de nosotros dejemos que la piedra de la tumba sea removida, y que Cristo sea resucitado en medio de nuestras vidas. Muchos no hemos permitido que sea visto a través nuestro, de la forma en que Él lo desea. Hemos apagado esa luz que alumbra nuestro camino e ignorado su gemido en nosotros para liberar la Creación.

Ester fue una mujer de precio, de intimidad, y esto hizo que se convirtiera en una mujer del Espíritu. Dios desea que tú también camines como hijo o hija espiritual, porque todos los que son guiados por el Espíritu de Dios, son hijos de Dios. «*Y si hijos, también herederos; herederos de Dios y coherederos con Cristo, si es que padecemos juntamente con él, para que juntamente con él seamos glorificados*» (Romanos 8.17).

Una relación de pasión e intimidad

La relación de intimidad es la pasión que un hijo de Dios pueda tener con Jesús a través del fuego ardiente del

Espíritu Santo. Es una relación personal, en un lugar secreto; una profundidad interior. En el Antiguo Testamento, cuando el perfumador iba a preparar las especias, había una que se llamaba «uña aromática». Esta era sacada de una especie del océano, llamada «concha madreperla».

Solo piensa qué aromas podremos derramar y qué apariencia podremos manifestar, cuando entramos en esa intimidad. Creo que es con lo que Jesús desea coronarnos a todos, los hijos, sus preciosas perlas, las que no desea que sean echadas a los cerdos. Y creo que es lo que todos deseamos. Es la unidad del alma con el Cristo que vive en tu espíritu. Es el bramido de un alma que reconoce su condición, pero que aun así tiene más hambre de conocer al que la creó, deseando verlo en su plenitud.

«Abrí yo a mi amado; pero mi amado se había ido, había ya pasado y tras su hablar salió mi alma.» Aunque esta no lo entendía todo, sabía que era su alma quien también necesitaba conocerle. «*Yo dormía, pero mi corazón velaba. Es la voz de mi amado que llama: Ábreme, hermana mía, amiga mía, paloma mía, perfecta mía*» (Cantares 5.2). En su espíritu esta lo conocía, pero su alma inquieta estaba en la búsqueda.

Es en la intimidad donde Dios deposita tanto el querer como el hacer, para comenzar a prepararte en el camino de su perfecta voluntad. La intimidad es también el lugar de oración, donde el hombre o la mujer no tan solo hablan, sino que están dispuestos a escuchar la dirección que el Espíritu Santo les tiene asignado en ese momento tan especial. Luego, el hombre o la mujer está dispuesto a participar de los sufrimientos de Cristo. Ya no le importa la persecución venidera; está dispuesto a dejar que sea Cristo quien opere en su vida.

La pasión de nuestro amor

Jesús fue el ejemplo divino de esta intima pasión, quien aun en medio de su muerte sólo pensaba en el amor apasionado que tenía por sus hijos. Me imagino que fue la misma pasión con la cual los ojos de Jesús miraron a Pedro, al escuchar al gallo cantar tres veces. No creo que su mirada haya sido para traer condenación, sino una llena del amor apasionado de Cristo, la cual se convirtió en la convicción de Pedro, hasta llevarlo a llorar profundamente en total arrepentimiento, ya que solo veía sus ojos, aquellos tan llenos de amor, muy difícil de olvidar. Fue aquel fuego el que quemaba el alma de Pedro, quebrantándola, hasta llegar a reconocer que necesitaba ser trasformada.

Creo que fueron los ojos de Jesús, desde su lugar de crucifixión, llenos de un amor apasionado, los que miraron a Juan y le dijeron: «He ahí tu madre ... mujer, he ahí tu hijo.» El idioma griego para *hijo* en este pasaje significa adoptivo, activa posición, escogido, concebido, ordenar, separar, propósito. Jesús lo miró con sus ojos, lo ordenó, lo separó, y con su boca lo declaró también hijo. Esa es la pasión que Dios tiene por aquellos que, morando en las tinieblas, aún no lo han conocido.

La pasión es un sentir, una sensación en un mismo lugar, unidos, una emoción, un carácter, una experiencia, un fuerte sentir de amor, es el sacrificio de Jesús. Creo que fue pasión lo que sintió David por Dios al rasgar sus vestiduras, las cuales representaban la religión, que buscaba separarlo de una verdadera relación con Dios. Creo que fue la pasión lo que sentía Pablo por Jesús, quien sin importar la persecución que recibió, lo dio todo por Él.

Creo que fue la pasión lo que llevó a Elías a creer que Dios era verdadero, sin importar las circunstancias; entonces creyó, y sujeto a pasión oró fervientemente. Estoy convencida de que fue pasión lo que desarrolló Juan en intimidad con Dios. Esa pasión lo llevó a una dimensión profunda en el espíritu, recibiendo así las revelaciones más gloriosas de Jesús , descritas en «el libro de las revelaciones» o Apocalipsis.

La pasión es lo que describe el libro de Cantares, cuando la esposa habla de su amado, y él de su esposa.

Esta le dice a su amado Jesús: «*¡Oh, si él me besara con besos de su boca!*» Esto habla de una Iglesia que tiene una intimidad profunda con el Maestro, habla de la revelación de Jesús impartida en esta intimidad, en la cual la esposa estaba entrando. Cada vez que ella besa a su Amado recibe algo claro de quién verdaderamente es Jesús.

«*Porque mejores son tus amores que el vino...*» El vino aquí representa que, aunque ella ha tenido diferentes experiencias de avivamiento en su vida, no se conforma con eso. Quiere estar más y más llena de su amor. No se conforma con el derramamiento de ayer; desea más del de hoy, más del olor de los suaves ungüentos.

«*Tu nombre es como un ungüento derramado...*» Ella lleva muy presente el precio que Jesús pagó, y el poder que este nombre carga. Había recibido una profunda revelación del nombre de Jesús, sobre la naturaleza del mismo nombre, de lo que era su verdadera unción y de las especias con la cual esa unción fue producida en la vida de su Amado.

«*Mi amado es para mi un manojito de mirra, que reposa entre mis pechos.*» La mirra significa el sangramiento de la rama de un árbol; lo que es quebrantado, lo que duele. Esta esposa sabe que su Cristo ha sido arrancado del Padre para ser quebrantado por ella, pagando un precio alto en obediencia al Padre, a través de su crucifixión. Allí, recibiendo la burla y el rechazo de muchos, sus preciosas manos y bellos pies sangraron para limpiarle a ella todos sus pecados.

El precio que Jesús pagó por ella es llevado muy dentro de su corazón. Ella se hace partícipe de sus sufrimientos, puede entender más aun el valor de este sacrificio de dolor.

Cuando la hallaron los guardas de la ciudad y la golpearon, cuando la hirieron y le quitaron su manto, ella dijo: «Yo os conjuro, oh doncellas de Jerusalén, si halláis a mi amado, que le hagáis saber que estoy enferma de amor» (Cantares 5.8). Allí, esta mujer entendió que pudo más el amor de Cristo en medio de aquel dolor, que el abuso que ella estaba recibiendo de otros en ese momento. En su sufrimiento lleno del fruto del amor, ella trataba de traer consciencia sobre el verdadero amor de Cristo, el cual habían perdido los que la golpearon.

Esta escena fue parecida a la de Esteban. Cuando él hablaba los religiosos crujían sus dientes en su contra, «*Pero Esteban, lleno del Espíritu Santo, puestos los ojos en el cielo, vio la gloria de Dios, y a Jesús* [quien había pagado el precio por él] *que estaba a la diestra de Dios, y dijo: He aquí, veo los cielos abiertos, y al Hijo del Hombre que está a la diestra de Dios*» (Hechos 7.55,56). Esteban, en obediencia a Dios, estaba viendo cosas en el mundo espiritual que aún no había conocido: la gloria de Dios, donde se encontraba el Padre, el que su Hijo desea revelar a nosotros, su Iglesia.

La obediencia de Jesús lo llevó a participar de esta gloria, pero Jesús quería que otros también fueran partícipes. Por esta razón, Él dijo: «*Padre, la gloria que me has dado la quiero compartir con ellos, porque donde yo estoy, quiero que ellos también estén.*» Tal vez no has sufrido físicamente como lo han experimentado otros hijos de Dios, pero espiritualmente hablando, te has encontrado en situaciones en las que te preguntas si verdaderamente vale la pena el esfuerzo de este precio, el cual Dios te ha llamado a pagar, allí donde te ha llevado.

Una vez más vuelvo a repetir lo que he escrito varias veces en los otros capítulos de este libro: ¡Sí que vale la pena el esfuerzo, porque donde quiera que estés, fluirá la revelación de la gloria de Dios! Fue esta la que llevó a Esteban a decir: «*Señor Jesús, no les tomes en cuenta este pecado.*»

Esto solamente puede pasar con aquellos que, a través de sus experiencias de sujeción a Dios, llegan a conocer lo que es la madurez espiritual. Esto fue lo que entendió Job a través de su experiencia. «*Y quito Jehová la aflicción de Job, cuando él hubo orado por sus amigos; y aumentó al doble todas las cosas que habían sido de Job ... Y bendijo Jehová el postrer estado de Job más que el primero*» (Job 42.10,12). Me parece que Job llegó a conocer algo que antes desconocía, y aprendió a darle un gran valor.

En cada uno de nosotros hay un poquito de Job. No estoy diciendo que Dios debe destruirte para enseñarte algo. A esto yo lo llamaría crueldad, y el Dios al que yo sirvo no es cruel sino un Dios lleno de amor. Pero cuando algunas circunstancias aparecen en nuestras vidas, estas vienen con el propósito de desenmascarar el verdadero *yo*.

Quítate tus sandalias y ponte las mías

Juan dijo que el no era digno ni de quitarle las sandalias a Cristo. El *Diccionario Bíblico Ilustrado de Nelson* nos habla sobre las sandalias. Eran algo bien importante en los tiempos bíblicos antes y después de Cristo. Estas eran parte de la cultura y del estado social de las personas. Estaban hechas de una piel plana, de cuero y madera plana, con tiras pegadas a los lados para que se pudieran asegurar bien a los pies.

El cuero habla de lo que es la piel, o lo más cercano a la carne; la madera, de la humanidad. Jesús usaba estas sandalias planas en sus pies, y con ellas caminaba en la tierra estableciendo el reino de su Padre. Esto nos habla de la firmeza del reino de nuestro Dios Supremo sobre toda la humanidad y el universo. La autoridad suprema a la cual toda carne se doblará, declarando que Jesucristo es el Señor.

Los pies, descasando en la parte plana de las sandalias, profetizan aquello en lo que el Cuerpo de Cristo debe estar establecido. Como Cuerpo debemos estar establecidos en la verdad de su Palabra, y llevarla a donde Él nos envíe.

Para que tengamos más claridad respecto de los pies, mira lo que dice Isaías 52.7: «*¡Cuán hermosos son sobre los montes los pies del que trae alegres nuevas, del que anuncia la paz, del que trae nuevas del bien, del que publica salvación, del que dice a Sion: ¡Tu Dios reina!*»

Por esta razón Juan el Bautista decía que él no era digno de quitarle las sandalias a Jesús, porque aunque él estaba preparando el camino del Señor, sabía que no se trataba de la gloria que los hombres pudieran atribuirle a él, sino de la gloria que todos tenían que darle a quien pertenecía: a Jesús. Él decía que debía disminuir para que Cristo creciera. Esto significa que el protagonista de esta bella historia era Jesús, el único que llevaba la mejor y verdadera participación.

¿Recuerdas uno de los significados de Ester?: protagonista. Aquí es donde todos debemos someternos para que el único y real protagonista se lleve la atracción de la gran obra creada por el artista: Abba Padre Creador. Luego debemos removernos del retrato, para que en nosotros solo se vea la foto verdadera de Jesús.

Esto es clave para entender la relación íntima a la que Dios estaba llamando a la mujer de Cantares, la cual hoy representa su Iglesia.

Cantares 7.1 dice: «*¡Cuán hermosos son tus pies en las sandalias, oh hija de príncipe!*» Esta esposa le pide a Dios que la atraiga en pos de Él, y ella correrá. Ella reconoce que su intimidad con Él no está basada en sus obras, si no a través del Espíritu Santo de Dios. Reconoce que necesita el toque de Dios para ser transformada y responder a su llamado. Pudo ver que el mismo Espíritu Santo que la trajo a conocer la salvación, será el único que la llevará a conocer a su amado en una profunda intimidad.

«*El rey me ha metido en sus cámaras; nos gozaremos y alegraremos en ti.*» El rey se está revelando a esta mujer, cara a cara. Le está mostrando cosas intimas a esta esposa, las cuales aún no le había revelado, él la está llevando a su lugar secreto, a su lugar de comunión intima.

A mi entender, esta mujer ya conoce el *atrio*, la puerta que lleva a la salvación. Allí declaró: «¡Oh alma mía, bendice al Señor y no te olvides de sus beneficios!» Este es el lugar de agradecimiento, que lleva luego al *altar de bronce*, donde ya no existen los sacrificios de machos cabríos, ni las obras pesadas de los hombres, sino la sangre del Hijo de Dios, la cual limpia los pecados.

Lo que Dios está haciendo con tu vida no se trata de obras muertas de la carne, a fin de que te glorifiques a ti mismo de lo logrado, en tu propia fuerza, sino lo que el Hijo ha pagado por ti. Luego la mujer se encuentra de frente con la *fuente de bronce* o *lavatorio*. En el templo, esta fuente estaba llena de agua, y por dentro estaba hecha de espejos, lo que significa que esta mujer tuvo un encuentro con el poder transformador de la Palabra de Dios, lo cual la lleva a reflejar la imagen de Jesús, el amado Hijo de Dios, el Cordero inmolado. Es aquí donde esta mujer reconoce y entiende lo que ya Jesús ha hecho por ella: una obra completa. Ella adquiere más hambre del Dios Altísimo, donde es santificada y bautizada en las aguas, para entender que ha sido regenerada.

Luego Jesús, en su amor profundo, la llevó a la puerta del *Lugar Santo*, donde la esposa entra a través de la alabanza, poniendo sus ojos en Cristo Jesús, el autor y consumador de la fe, y alabándolo por sus maravillas.

Entonces el esposo la toma de la mano y la lleva al lugar donde se encuentra el *candelabro*. Aquí la esposa recibe el bautismo del Espíritu Santo, y es donde tiene un encuentro con la luz de Cristo. No obstante, esto son solo primicias, porque en este nivel todavía se producen sombras por la luz del candelero. Este candelabro representa a Jesús, la cabeza de la Iglesia, de quien fluye el aceite de la unción a sus hijos, los cuales, a través del Espíritu Santo de Dios, son hechos parte de esta gloriosa unción.

Aquí esta amada esposa conoce las primicias del Espíritu Santo. Aprende a caminar en los dones y en los frutos del Espíritu. Luego su amado la lleva a comer del pan en *la mesa de los panes de la proposición*, de la comunión de Jesucristo, de los sufrimientos de Cristo, de los cinco ministerios: apóstol, profeta, evangelista, pastor y maestro.

Luego, dirigida por el Espíritu, llega al *altar del incienso*, donde la adoración es más intensiva. Ella entiende que los que adoran deben hacerlo en espíritu y en verdad, con toda su alma, con toda su mente, con todo su corazón, con toda sus fuerzas. La esposa entiende que esta adoración será perpetua.

«He aquí que tú eres hermoso amado mío, y dulce; nuestro lecho es de flores.» En este lugar las ofensas ya no tienen poder sobre la esposa. Su corazón es puro, allí es donde el incienso toca los oídos de su amado. La intercesión ahora es dirigida por el Espíritu Santo, la oración es la del Hijo de Dios, y la fragancia de su presencia comienza a embriagarla para que el velo se rasgue, para que la carne ya no la domine, para que las emociones del alma no la controlen, para que la voluntad de su esposo se manifieste.

De esta forma traspasa el velo y se encuentra con *el arca de su presencia*. Aquí es donde el sacerdote en el Antiguo Testamento traía la sangre del sacrificio y la ofrecía por los pecados del pueblo. Este era el lugar de la proposición, o *la silla de misericordia*. Es el lugar en el cual podemos entrar a través de la sangre de Dios. Aquí es donde veremos el poder de su santidad. Es donde los hijos maduros entran a tener un encuentro con la gloria de Dios, a través de una adoración única al Señor. Aquí es donde Dios revela el divino orden de la adoración.

La Palabra dice que los querubines, con sus alas en alto, se tapaban sus rostros. Creo que se debía a que la gloria tan grande que manaba de aquel lugar era muy fuerte para resistir. Aquí no hay sombra ninguna. Todo es Dios. Todo es su presencia. Este es el lugar donde finalmente somos uno con Él, la imagen perfecta del Hijo de Dios.

Creo que esta fue la gloria que Moisés experimentó, al igual que Elías. Creo que fue la misma gloria que le fue revelada a Juan, a Daniel, a Ezequiel y aun a María cuando recibió la semilla del Mesías.

Esteban, en los momentos en que era martirizado, fue tomado por la misma gloria. Creo que si todos ellos —y muchos más en las Escrituras— tuvieron la oportunidad de participar de esta gloria en vida, en esta tierra, así Dios también desea hacernos partícipes de esta gloria como *su santa Iglesia.* Creo que ha sido el deseo de Dios, por generaciones, llevar a su Iglesia a una dimensión más profunda que la que hemos conocido. Es la tercera dimensión de su santa unción, donde la vida de Jesús es manifestada, donde la plenitud del Espíritu tiene control total. Ya no es la unción del atrio, ni la del Lugar Santo, sino la plenitud de la unción gloriosa del Lugar Santísimo, donde Jesús, y sólo Jesús, está sentado en su trono. Donde el Padre es revelado y la gracia de su Espíritu es manifestada a su pueblo. Es donde muchos de nosotros comenzaremos ha comer del cofrecito escondido en el arca de la revelación de Jesucristo. Allí es donde las tablas se hacen reales a nuestro entendimiento; donde está el Padre Celestial, quien dio el poder de la Ley, y quien también nos dio de lo que había en el cofrecito: Jesús, el pan de vida, la gracia divina que continua siendo impartida, para que podamos conocer más de su majestad y belleza. Luego está la vara de Aarón, la autoridad en la tierra, el Espíritu Santo, manifestando los frutos y la vida de Dios en nuestras vidas.

Mi amigo hermano, creo que es el deseo de todos nosotros, como hijos e hijas, conocerle más y más en su infinidad.

De acuerdo al diccionario bíblico, infinidad significa que Dios no está atado por tiempo o espacio. Fue como cuando Jehová se le apareció a Moisés y lo llamó en el monte de Horeb, Moisés estaba sirviendo a su suegro Jetro; fielmente sacaba las ovejas al desierto, para llevarlas a comer al monte de Horeb —lo que significa monte de Dios.

Fue en aquel desierto, camino al monte de Horeb, donde conoció lo que era verdaderamente caminar en la santidad de Dios. Dios le dijo: «*¡Moisés, Moisés! ... No te acerques; quita tu calzado de tus pies, por que el lugar en que tú estas, tierra santa es*» (Éxodo 3.4,5). Para los israelitas, quitarse el calzado era símbolo de humillación. Después de tener a Moisés por un tiempo en su desierto, cuando Dios lo llamó le mostró lo que era el humillarse a Él. Quitándose el calzado de su naturaleza carnal, recibió el calzado de la verdadera dirección que lo llevó a conocer y caminar en la naturaleza de Dios. Así, fue produciendo grandes prodigios y señales, ante el pueblo que Dios había de darle para libertar.

Aquel Moisés de mucha habilidad propia, de la cual él aprendió a depender en la casa de faraón, ya no era más que un pasado para su vida. Ahora Dios había creado algo nuevo. Había perdido ya su orgullosa identidad, tomando en aquel desierto la de Dios. Y esto fue a tal punto que, cuando Dios lo llamó, lo primero que le respondió fue: «*¿Quién soy yo para que vaya a faraón, y saque de Egipto a lo hijos de Israel? Y él respondió: Vé, porque yo estaré contigo; y esto te será por señal de que yo te he enviado: cuando hayas sacado de Egipto al pueblo, serviréis a Dios sobre este monte*» (Éxodo 3.11,12). En otras palabras, Dios le estaba diciendo que no abandonara la obra que Él había comenzado en aquel desierto. Este era el mensaje y el ejemplo que Moisés tenía que darle al pueblo de Israel.

Cuando Dios nos permite pasar por el desierto, este debe llegar a ser una señal de recordatorio en nuestras vidas. Esa señal nos ayudará a no volver al mismo nivel de desierto, sino que nos llevará a conquistar otros niveles de madurez en nuestro camino cristiano. Esa es la dirección a la tercera unción, al Lugar Santísimo, donde el Padre en gloria nos espera. «*Los veinticuatro ancianos se postran delante del que está sentado en el trono, y adoran al que vive por lo siglos de los siglos, y echan sus coronas delante del trono, diciendo: Señor, digno eres de recibir la gloria y la honra y el poder; porque tú creaste todas las cosas, y por tu voluntad existen y fueron creadas*» (Apocalipsis 4.10).

Lector amado: tómate el tiempo necesario para entregar tu vida a Jesús en un pacto total. Que no te importe el precio. Corónalo en este momento con tu vida, con tu alabanza y con tu adoración. Se fiel hasta la muerte, y Él te dará la corona de la vida.

«He aquí yo vengo pronto; reten lo que tienes, para que ninguno tome tu corona. Y cuando aparezca el príncipe de los pastores, vosotros recibiréis la corona incorruptible de gloria.»

Recuerda que el Padre Celestial no está atado por tiempo o espacio, y este puede ser el momento cuando Él te diga:

«YO, EL QUE SOY,
SOY QUIEN DESEA CORONARTE
CON MI GLORIA, AMADA ESPOSA,
MI IGLESIA, MI REINA.»

Para comunicarse con
Jackie Rodríguez:
Ministerios Nueva Creación
P.O. Box 720523
Orlando, FL 32872-0523

Casa Creación

Presenta

libros que edifican inspiran y fortalecen